はじめに

ここ数年で、企業の人材活用の現場でも、大きな変化が起きています。これまでの「個人主義」「実力主義」に変わり、「チーム全体で能力を発揮したか」という方向に、大きく舵が切られるようになりました。

例えば、マイクロソフト社。IT企業のトップ集団を走り続ける、一四七ヵ国に一二万人の従業員を抱える企業です。新たな人事評価制度は、「チーム全体でのパフォーマンスを上げることに貢献したか」。この評価制度の基本的な柱は次の三つです。

1　自分の才能を使ったか
2　他人の才能を引き出したか
3　チーム全体のパフォーマンスを上げるために貢献したか

お子さんが社会に出て働くようになるころには、こういった企業の要望に応えられる人材でなければならない社会となっているはずです。

子育て本で、最初に企業の話をしたのには、訳があります。それは私が長い間、企業における社会人の教育、特にマネジメント層の教育を担当してきたからです。その経験を通じて感じたことは「子どもの頃から、親子で自分の才能や考え方の傾向を知っていれば、人はもっとスムーズに能力を伸ばせるのではないか」ということです。そこで最近では、大学生の就職活動の支援だけでなく、私立中高一貫校でのコンサルティングなどにも力を入れるようになりました。

本書で使用するメソッド、「Talent Focus®」は、自分自身が生まれながらにして持っている才能を特定するだけでなく、他者の才能を知ることで、お互いを尊重することを目指しています。そして、それぞれが最大限のパフォーマンスを発揮することを目標としています。具体的には、次の三つが大きな柱です。

1　自己理解、他者理解
2　強みを伸ばし、弱みを克服しようとしない
3　部分最適から全体最適への転換

お子さんが伸び悩んでいるご家庭を見ると、親がよかれと思って、お子さんが苦手なことを強いたり、弱みを克服することに時間を費やしていることが多いものです。お子さんのこと、そしてご自身のことを深く知ることができれば、もっとうまくお子さんの才能を見つけ、励まし方を工夫し、才能を伸ばすための環境を整えてあげることができるのです。

本書でみなさんに使い方をお伝えする「Talent Focus®」は、個人がそれぞれに持つ才能を特定し、人間関係にバランスをもたらすための「技術」です。詳しくは1章でお話しいたしますが、これは日本人が古くから生活の一部としている「陰陽五行」と、門外不出といわれてきた「帝王学」の要素を含んでいます。また、私が長年にわたり企業の幹部育成で培った経験値も、ベースとなっています。

これまで、お子さんに対して、次のような疑問を持ったことはありませんか？


「なぜ、こんなことをするのだろう？」

「どうして、言っていることがわからないのだろう？」

「ほかの兄弟のように、できないのはなぜだろう？」

「この子には、才能がないのではないか？」

「落ち着きがないのは、育て方が間違っていたのではないか？」


「Talent Focus®を知り、この人間関係の技術を身につければ、このような疑問への回答を得られるようになります。例えばそれは「人の才能を示す『エレメント』の違いによるものだ」とわかったり、「自分と相手との関係性によるものだ」ということがわかったりするからです。

「Talent Focus®を生活で活用するようになった親御さんたちからは、「子育てが楽になった」「家族が仲良くなれた」「自分の子育てのせいではないとわかり、安心した」「子どもの能力の伸ばし方が具体的にわかってきた」「苦手なことをしなくてよいとわかって肩の荷が降りた」という声をいただいています。また、家庭内にとどまらず、教育の現場やさまざまなスポーツチームにおいても活用され、短期間で著しい効果が上がっています。本書では、便宜的に親子関係に基づいた解説をしていますが、先生と生徒の関係に置き換えて読んでいただいてもかまいません。

本書をお読みになって、一人ひとりが生まれ持った才能のありかを示す「エレメント」をはじめ、「Talent Focus®のメソッドをご理解いただきましたら、さらに明確なプロファイリングができるオンラインテストの受検をお勧めします。Talent Focus®オンラインテストは、生まれ持った才能のありかを五つのエレメントと一〇個のプロファイルで判別します。くわしくは次ページの案内をご覧ください。

みなさんもぜひ、この人間関係の技術を身につけて、ご家庭をはじめ、職場、趣味のグループ、地域活動などで活用してください。これまでよりずっと、人間関係が円滑になり、パフォーマンスもアップするはずです。

子どもの才能の見つけ方・育て方●もくじ

はじめに……3

1 子どもの才能は五つのタイプに分かれる

兄弟を「同じように育てる」と、どうなる?……18
その子自身の才能を見つける……19
一回目からできる子と、何回目かで上手くいく子はタイプが違う……21
才能の見極めには、適切な時期がある……21
才能の確定診断はいつ頃できる?……23
その分野に才能がないと気付いた時に、どうするか……24
子どもが嫌がるなら、芽があってもやめる勇気を……25
伸びる子、伸びない子の違いは、親が子どものタイプに気がつくかどうか……26

才能のように見えていることが、必ずしも本当の才能とは限らない …… 28
才能ではなく、努力したからこそできているということも …… 30
才能は必ずある。信じて待つことが大切 …… 31
ルーツは東洋、開発は日本で行われたTalent Focus® …… 32
中国三〇〇〇年の歴史に紐づけられる経験則の良いとこどり …… 37
子どもだけでなく、自分の才能を理解することも必要 …… 38

2 Talent Focus® 五つのエレメントとは

自分と子どものタイプを知るためのTalent Focus® …… 42
木のエレメントの特徴 …… 44
火のエレメントの特徴 …… 46

土のエレメントの特徴……48
金のエレメントの特徴……50
水のエレメントの特徴……52
それぞれのエレメントが、他に与える影響（五行相生）……54
エレメント同士の利害関係（五行相剋）……57
同じエレメント同士の結びつき（比和）……60

3 自分のエレメントを見つける、子どものエレメントを見つける

親がまず自分の才能を知り、子どもの才能を見つける……62
自分の才能の見つけ方　チェック　その一……63
自分の才能の見つけ方　チェック　その二……70
チェックの結果の読み方（自分）……76

子どもの才能の見つけ方　チェック　その一……87
子どもの才能の見つけ方　チェック　その二……92
チェックの結果の読み方（子ども）……97

4 タイプに沿った声かけで、子どもはぐんぐん伸びる

エレメント別：子どもの特徴……108
木のエレメントの子ども……110
火のエレメントの子ども……112
土のエレメントの子ども……114
金のエレメントの子ども……116
水のエレメントの子ども……118
エレメント別：ほめ方・叱り方……120

木のエレメントの子のほめ方・叱り方……121
火のエレメントの子のほめ方・叱り方……122
土のエレメントの子のほめ方・叱り方……123
金のエレメントの子のほめ方・叱り方……124
水のエレメントの子のほめ方・叱り方……125
エレメント別：習い事（チームプレーか個人プレーか）……126

5 自分を軸とした子どものエレメントとの関わり方

関わり方の基本……132
木のエレメントの親から見た場合
木のエレメントの親＞土のエレメントの子……136
木のエレメントの親＜金のエレメントの子……138

火のエレメントの親から見た場合
火のエレメントの親∨金のエレメントの子……141
火のエレメントの親∧水のエレメントの子……143
土のエレメントの親から見た場合
土のエレメントの親∨水のエレメントの子……146
土のエレメントの親∧木のエレメントの子……148
金のエレメントの親から見た場合
金のエレメントの親∨木のエレメントの子……151
金のエレメントの親∧火のエレメントの子……153
水のエレメントの親から見た場合
水のエレメントの親∨火のエレメントの子……156
水のエレメントの親∧土のエレメントの子……158

6 周囲の人を見極める

家族にTalent Focus®を応用してみよう……162
周囲の人の見立て方……164
持ち物……165
声や表情……166
口癖……167
質問のくせ……168
プレゼント……170
家庭でどのように活用するか……173

おわりに　あなたのお子さんの使命は何か……176

1

子どもの才能は五つのタイプに分かれる

兄弟を「同じように育てる」と、どうなる？

「どうして同じように育てたのに、弟はうまくいかないのかしら」

こんな愚痴を耳にすることがよくあります。お兄ちゃんの時にうまくいった方法を弟にも。そのお気持ちはわかります。しかし、この考え方自体が間違っているとしたら？　じつは「同じように育てたのに」うまくいかないのではないのです。「同じように育てたから」うまくいかないのです。兄弟であれ、双子であれ、同じように育ててはいけません。それには理由があります。

子どもは、それぞれ才能を持って生まれてきます。それは「子どもが生まれた時から持っているもの」。兄弟でもそれぞれ違っています。球根が違うと咲く花や色が違うように、子ども一人ひとりには、違った才能が備わっているのです。これが「Talent Focus®」の考え方です。

そして強調しておきたいことは、「才能のない子はひとりもいない」ということです。誰もが最低一つは、才能が備わっています。ですから「才能がある、ない」で悩む必要はありません。他の兄弟が持っている、お友だちが持っている才能はないかもしれません。しかし、違う才能がどのお子さんにも必ず備わっています。そして子育てとは、その才能を見つけることでもあるのです。

●その子自身の才能を見つける

ですから、子育て本を読んで「この通りにしなくては」と焦る必要はありません。特に、成功した自身の子育てをメインのテーマとした本や方法というのは、その筆者の子に当てはまった一例にすぎません。みなさんのお子さんに必ずしも当てはまるとは限りません。正直申し上げると、当てはまらないことの方が多いでしょう。育児書を読んでがっかりしたり、自分の子育ては失敗だ、などと肩を落としたりする必要はどこにもないのです。上手に育てようと思って、子育て本をたくさん読む方がいます。しかし、その本に書いてある方法がご自身のお子さんに当てはまる確率は、実際にはとても低いのです。

では、この本も必要ないのでは……？　ご安心ください。本書は理想の育て方や方法を示しているわけではありません。この本がみなさんにお伝えするのは、その子の才能の見立て方、見つけ方。そしてその育て方です。

例えば「国際人に育てたい」という目的があるとします。それを叶えるために「英語教育をこのように早期にスタートさせましょう」というタイプの本が、いわゆるこれまでの子育て本です。本書では、その子の才能、得意なやり方を見つけていきます。「人と関わることで語学を習得するタイプ」なのか、「コツコツ積み重ねる遊びをしながらマスターするタイプ」なのか。その子が国際人になるための才能はどこにあるのか、そしてそれを伸ばすためには、どのようにすればいいのか。子ども一人ひとりが違うように、持って生まれた才能も、その伸ばし方も違うからです。

その子が持って生まれた才能は何か。そしてそれを開花するための方法にはどのようなものがあるか。本書が示すのは、それを見つけるための方法です。

一回目からできる子と、何回目かで上手くいく子はタイプが違う

「才能」という言葉を使ってお話ししていますが、私が言う「才能」というのは、「サッカーが上手い」「絵が上手い」といった、狭い範囲のものではありません。もっと大きく「その子がどんな部分に秀でているか」。本人の「強み」といってもいいでしょう。ですから才能というのは、一〇〇万人に一人の逸材が持っているというものではなく、誰もが自分の中にかならず一つは抱えているものなのです。そしてその強みをいかしている人（才能がある、と言われる人）と、いかしていない人では、後々の人生に大きな差がついてしまうものです。

●才能の見極めには、適切な時期がある

例えば、大勢の人がいる前に出てアドリブで話ができる人と、事前にしっかりと

した準備をしておかないと話せない人がいます。このような「アドリブタイプ」と「準備万端タイプ」、おそらく子どものころから、同じ傾向があったはずです。突然クラスの前に引っ張り出されても対応できる子と、そんなことをされたら固まって黙ってしまう子。基本的なタイプというのは、生涯を通じて変わらないものだからです。

アドリブで話ができる子の場合には、「瞬発力」という才能があります。新しいことを吸収するときに「ポンッ」と飲み込める才能もここに含まれます。このタイプの子どもは、何をやらせても一回目でできてしまうことが多いものです。親はそれを見て、「一回目で弾けたからピアノの才能があるのでは？」「一回目で踊れたから、バレエの才能があるのでは？」と気持ちが高まってしまいます。そこであわてて「ピアノ一筋」などとなってしまうと、その子の本当の「個別の才能」を見失ってしまう恐れがあります。この子の才能がピアノにあるのか、バレエにあるのかは、一回目ではわかりません。もう少し長い時間をかけて見ていかなければなりません。

一方、一回目ではうまくできない子の場合というのは、すぐに「この子にはピアノの才能がない」などと、判断されてしまうことが多々あります。これは非常にもったいないことです。こういったタイプのお子さんは、物事を一つひとつ咀嚼《そしゃく》してから、自分の中で繋げていく方法をとります。準備をしっかりしてからスピーチに臨むように、自分の中で納得がいかないと、そもそもうまくできないのです。ですから、早い段階で「才能がない」と切り捨ててしまうのは、避けたいものです。

●才能の確定診断はいつ頃できる？

才能の芽が見え始めるのは、だいたい三歳ごろです。そして小学校中学年ごろには、ほぼ見えるようになってきます。そして確定できるのは中学校一年生くらいです。

例えば、人前に出るのが好きな子は、三歳くらいになると、家の中で小さな棒をマイクにしたり、箒をギターにしたりして、歌ったり踊ったりし始めます。小学校三年生や四年生くらいで、学芸会で目立つ役を担当したり、クラスのパーティで余興を担当したりします。このあたりから、自分でも「人前に出るのが楽しい」「自分は踊るのが得意だ」という意識が出てくるものです。中学生になるころには、本人が「もっと踊れるようになりたい」と強く意識するようになります。そうなると小さな芽でしかなかった才能が、ぐんぐん育つようになります。将来ダンサーになれるかどうかというのはまた別の訓練が必要ですが、「なる可能性を持っているかどうか」は、おおよそこのあたりで判断することができます。

その分野に才能がないと気付いた時に、どうするか

このように、小学校中学年くらいになると、その子が向くこと、向かないことがだんだんとはっきりしていきます。本人も得意なことを自覚するようになりますし、周りからもそのことについてほめられるようになるからです。

その時、同時に「向かないことをどうするか」という問題がでてきます。

幼稚園のころから、続けていた絵画教室。しかし、息子の才能はどうも他のところにありそう……。息子さんがいやいや続けているのであれば、やめるのも一つの

選択です。しかし、好きで絵を描いているのであれば、才能がなさそうだからといって、無理にやめさせる必要はありません。

その方面に才能がないから、なさそうだからといって、早いうちから体験を極端に制限してしまうと、人間としての底面積が狭くなってしまいます。特に、絵画や音楽などの芸術系は、才能がなくても、大人になってからも、年をとってからも、ずっと趣味として楽しめるものです。子どもの時に習っていたお稽古ごとを、大人になってから始める人はたくさんいます。またそれが、新たな人間関係をつくるきっかけになったりすることもあるのです。

「才能がないから」と安易に切り捨てることはやめましょう。お子さんが楽しんで取り組んでいるものであれば、続けていくことに何の問題もありません。

●子どもが嫌がるなら、芽があってもやめる勇気を

逆に、お子さんが嫌がっていることは、才能がありそうだからといって無理に続けさせてはいけません。どんなに才能の芽があっても、自分で育てていかない限り、

大きな花を咲かせることはできないからです。

辞める前に親ができることは、子どもが嫌がっている理由を真剣に探すことです。バイオリンを嫌がるのは、バイオリンが本当に嫌いなのか、先生が合わないのか。特に小さなお子さんの場合、この二つがごちゃ混ぜになっていることがあります。合う先生が見つかれば、スムーズに進む場合もありますから、この見極めが肝心です。

伸びる子、伸びない子の違いは、親が子どものタイプに気がつくかどうか

2章で詳しくお話しいたしますが、人の才能は五つのタイプに分かれます。得意なこと。勉強の仕方。物事に対する取り組み方。そして、興味も、才能も、このタイプに根ざしています。この子どものタイプを親が知っているかどうか。それがとても重要なのです。なぜなら、子ども自身が才能を発揮できるかどうかが、それに

よってかなり変わってくるからです。

親とお子さんのタイプは、同じとは限りません。ですから、親が子どもによかれと思って勧めたことが、じつは、そのお子さんには合っていないということはよくあります。

例えば習い事を検討する時にも、できるだけ親の意思を入れすぎないようにしたいものです。バレエを習わせたい。サッカーが向いているのではないか。そんな親御さんの夢や希望は、ちょっと脇に置いてください。できるだけフラットな状態で、まずはお子さんにいろいろな習い事を経験させてあげましょう。

では、習い事を選ぶ時に、具体的にはどのようにすればいいのでしょうか？

まずは「集団がいいのか」「個人がいいのか」を見ていきます。スポーツにしても、野球のような集団スポーツか。それとも、テニスのような個人スポーツか。そして次に見るのは「繰り返す」か「違うことをするか」。例えばダンスにしてもチアダンスのように型のあるものが好きなのか。創作ダンスのように創造性を発揮するものが好きなのかで変わってきます。まずは、ざっくりとこのような当たりをつけてみてください。その上で、個別の習い事に当たるようにすると、お子さんに合う習い事がみつかりやすくなります。

習い事を探す段階で、「この子は集団での活動が向いている」とわかると、それはその後の塾選びなどにも生きてきます。集団で切磋琢磨できる子は、大きな塾に入っても大丈夫。個人での活動が向いている子は、マンツーマンの塾や家庭教師という選択肢がありますね。

才能のように見えていることが、必ずしも本当の才能とは限らない

お子さんが初めて描いた絵。なんだかすごく個性が感じられる。この子はもしかして絵に才能があるのではないか……。三歳なのに、スラスラ計算ができる。うちの子は数学の才能があるかもしれない……。

お子さんがいろいろなことができるようになると、私たちは「才能の片鱗」をそ

こかしこに見つけるようになります。今からそれを伸ばせば、大成するのではないか。早くその才能を伸ばしてあげるのがいいのではないか。親はそのように考えて、習い事の教室を探したりしてしまいます。先ほどお話ししたように、小学生の間に才能を限定してしまうのは、早すぎるのです。小学生までのお子さんの才能は、完全に固まっていないゼリーのようなもの。どんな形になるか、まだ決まってはいないのです。

例えば、早いうちから計算がスラスラできる子の才能。算数オリンピックに向くのか、プログラミングに向くのか、ロボット作りに向くのかは、まだまだわかりません。学校の算数の勉強が得意で受験に向く、ということかもしれません。ですから、あまり早い段階で、「算数オリンピックを目指そう！」などと意気込んでしまうと、お子さんの本当の才能の芽を潰してしまうことにもなりかねないのです。

親は、すぐに何かに限定するのではなく、その才能がどこへ膨らんでいくのかを見守る。待ってあげるということが、とても大切です。とはいえ「待つ」というのは、もしかすると私たち親が、一番苦手なことかもしれません。その場合は、どちらの方向に向いているか、投げかけをしてみてもいいでしょう。「これとこれ、どっちがいい？」「それはどうして？」と聞いているうちに、お子さんの大切にしていることがわかるようになってくるものです。

早いうちから小さな型にはめ込まずに、まず十分な大きさに育ててあげること。自分が伸ばすべき才能を知っているのは、子ども自身。親は子どもが自分で選択できるようになるまで、寄り添いながら待つ余裕が必要です。

● 才能ではなく、努力したからこそできているということも

子どもがすごくできることでも、それが才能と結びついていないことはよくあります。真面目で親思いのお子さんに多いのですが、親を喜ばせたくて、必要以上にがんばっているということがあるからです。お母さんに認めてもらいたい。お父さんに怒られたくない。そんな理由でがんばる子もいます。

Aくんは、物心ついたころからお父さんと一緒にサッカーをしていました。小学生になると、地元で一番強いクラブチームに入り、練習に明け暮れる日々。土日は両親で練習を見に行き、先々はサッカーの強い高校、そしてプロへ……と夢は広が

っていました。ところが、中学校二年生の時、Aくんは突然サッカーを辞めると言い出しました。そして練習に行かなくなり、結局チームをやめてしまったのです。一緒に頑張っていた両親はひどくショックを受け、特にお父さんの落ち込みは大きなものでした。

しかし、Aくんの立場に立ってみると、その気持ちがわかります。なぜなら、自分が気付いたときには、サッカーの道しか用意されていなかったからです。物心つく前では、自分が好きか、嫌いか、得意か、苦手かもわかりません。ただ、サッカーを頑張ると、親が喜んでくれる。そのためにがんばってきた。しかし、それに疲れてしまう日というのがくるものなのです。

●才能は必ずある。信じて待つことが大切

「うちの子は特に才能はないから、何かをさせておかないと」

そんな不安な気持ちから、子どもを早いうちから型にはめてしまう親御さんもいます。早々に塾に通わせたりしてしまうのは、「せめて勉強だけでも」というお気

持ちからかもしれません。しかし、この時に問題なのは、親が子どもの才能を「ない」と決めつけていることです。

みなさんは、家の鍵が見当たらないときに、どんな気持ちで探していますか？「必ず家のどこかにある」と知って、探しているはずです。「ない」と思って探してはいないですよね？ お子さんの才能も同じです。「ない」と思っていては、あるものもみつけられません。大丈夫。才能は必ずありますから「ある」と信じてお子さんを見つめてください。

ルーツは東洋、開発は日本で行われたTalent Focus®

本書で使用するメソッド、「Talent Focus®は、人がそれぞれに生まれ持った才能を特定するためのものです。そして、それを育てるためにどのようにアプローチをしたらいいのかを示します。

私は三〇年、人材ビジネスに関わってきました。その中で、様々な人材育成ツールを使用してきました。じつは、これらのツールは、欧米発祥のものがほとんどなのです。より、日本人に合うツールはないだろうかと考え、開発したのがこのTalent Focus®。陰陽五行説、帝王学、そして「五万四〇〇〇人超との面談」、「八〇〇社以上の幹部育成」をしてきた私自身の「星山塾」（現在のThink Source™）の経験値を合わせたツールです。

日本人の生活は、陰陽五行に根ざしています。立春、立秋などの暦はもちろんのこと、干支も陰陽五行説からきています。簡単に説明すると、陰陽には暦の巡りの中に十干《じっかん》十二支《じゅうにし》というのがあります。一〇種類の干と一二種類の支という意味です。この干と支をくみあわせて干支《えと》というのです。また、六〇歳のことを還暦と呼びますが、これも陰陽五行からきています。六〇年で干支が一回りして再び生まれた年の干支にかえることから、元の暦に戻るという意味でこのように呼ばれているのですね。すっかりイベント化している「土用の丑の日」も同じです。日本では風水や四柱推命が、陰陽五行説として入ってきた感がありますが、これらはそのうちのほんの一部でしかありません。陰陽五行説はもっと広く、宇宙の真理を表す思想体系であり、宗教や占いではありません。

この思想のポイントは、「違いを受け入れて、バランスを取る」ということ。多神教がベースの東洋で発展した思想だけあり、多様性を認める考えがその根底にあるのです。集合体として「木火土金水」という五つのエレメントのバランスが取れている状態が一番いいとされ、どれか一つが突出したり、落ち込んだりしているのはよくないことなのです。人は、この「木火土金水」のどれかのタイプになりますから、タイプの違う人同士がうまくバランスをとっていくことで、世の中がうまくいく、という考え方です。これが「Talent Focus®」のベースの考え方になります。

和を重んじる日本人や日本の組織において、一人ひとりを尊重し、バランスを取るという思想が根底にあるのは、とても重要だと考えています。

また、このメソッドは門外不出といわれてきた「帝王学」の要素を含んでいます。

帝王学というのは、中国、唐の時代（六一八年～九〇七年）の太宗皇帝（五九八年～六四九年）とその側近のやり取りを記録したものです。このようなやり取りが記録され、残された背景には、太宗皇帝が名君であったことがあげられます。また、それだけではなく、この時代がとても平和であったために理想とされたからでもあります。この時代、人々は激しい飢饉や災害に見舞われることなく過ごすことができました。そして約三〇〇年にわたり、唐という時代が続いたのです。

太宗皇帝には兄がいたので、そもそも皇帝になる予定はありませんでした。しかし、皇太子であった兄により命を狙われたために、それを返り討ちにして兄を殺害し（六二六年、玄武門の変）、太宗は急遽皇帝となりました。そのため、皇帝となるために必要な知識を一から学ぶ必要がありました。

太宗皇帝は、皇帝になるための知識を実務を通して学びつつ、優秀な側近達と議論を重ねながら、広く側近の意見を反映し、政治を行なっていきました。そのやりとりを示したのが『貞観政要』です。これは、今日に至るまでマネジメントの教科書として多くの人に愛読されています。

Talent Focus®がこの帝王学の考え方を含んでいるのは、名君を一から作り上げるためのメソッドの中に、私たちが現代社会でよりよく生きていくためのヒントが数多く含まれているからです。また、私がすでに星山塾において、帝王学の考え方を使用することで、幹部の育成に具体的な成果をあげてきたからでもあります。

私がこのメソッドを大学生からさらに下の層に広げて子どもに応用するようになったのには、訳があります。長年にわたり、社会人の教育を担当する中で、「子どものころに自身の強みや生き方の傾向をわかっていれば、もっと能力が発揮できたのではないか』と思うことが多くありました。また、現在の立場や状況に馴染むことができずにいる方を見ると、「自分のことをわかっていれば、もっと楽に生きられたのではないか」と感じることが少なくなかったからです。

凝り固まっている大人を変えるのは、とても大変です。本人に求められる努力も相当なものになります。大学生の就職活動の支援をこのメソッドで行い、すでにその数は六〇〇人を超えていますが、やはり「もっと早くに」という思いは抜けません。子どものころに、親がその子の性質を見極め、その方向に沿って育てたならば、お子さんは自分の能力を知ることができるようになります。そしてそれを信じて、自ら伸ばしていくことができるようになるのです。

中国三〇〇〇年の歴史に紐づけられる経験則の良いとこどり

五行説や帝王学などと話をすると、なんだか格言であったり、占いのようなものを想像する方が多いようです。しかし、どちらかというと、これらの思想は経験則の積み重ねなのではないか、と私は考えています。

昔の皇帝というのは、なかなか大変な職業です。皇帝のことを天子とも呼びます。天子とは「天命を受けて天下を治める者」の意味です。普通の人間ではなく、天が選んだ子ども、というわけです。天から私たちがいる地に遣わされて、マネジメントをするのが天子。ですから、新しい皇帝が着任すると、人々はこぞって「天の子」である印を探しました。例えば「生まれた時に龍が空を舞った」などです。男子が何人かいる場合は、どの子が天子なのか、その兆しを皆は必死で探しました。

天の子である天子は、天の考えを政治に反映する役割がありました。もし、飢饉や疫病、災害が起きると、それは「天子がちゃんと仕事をしていないから、天が怒っている」と解釈されました。天子も大変なのです（笑）。

このようなことをしたら、豊作になる。逆に、このようなことをしたら、水害が起こる。あらゆる物事の相関関係を探り、それは経験則として積み重ねられていきました。帝王学や五行の中には、このような経験則の蓄積が含まれています。いわば、中国三〇〇〇年の歴史に裏打ちされた知恵の宝庫なのです。

子どもだけでなく、自分の才能を理解することも必要

2章ではまず、親御さんにご自身のタイプ、才能を見極めてもらうことからスタートします。子どもは一人では生きていくことはできません。ほとんど例外なく親の影響下に置かれます。ですからまず、親が自分のことを知り、自分自身を尊重し

なければなりません。なぜなら、自分のことを尊重できない人は、子どものことも尊重することができないからです。

ちょっと想像してみてください。飛行機に搭乗したことのある方であれば、離陸前に必ず安全についての説明を受けたことがあるはずです。モニター画面に説明ビデオも流れますし、左右の通路では毎回、客室乗務員の方が実演もしてくださいます。ほら、あの、非常時には酸素マスクが天井から降りてくる仕組み、あれです。もしもあなたがお子さんと一緒に飛行機に乗っているとき、非常事態になったとしています。目の前に酸素マスクが降りてきました。酸素マスクを着けるのは親が先か、子どもが先か。あなたなら、どうなさいますか。

正解は、親が先、です。親が生き延びなければ子どもを助けることができないからです。才能も同じことがいえます。親が知らなければ子どものための環境を整えてやることはできません。子どもの才能を伸ばすのも、潰すのも、親次第。まずは、ご自身の才能のタイプを見つけることからはじめてください。

自分のタイプがわかり、子どものタイプがわかると、どのようにお子さんに関わるのがいいのかがはっきりとします。このあと具体的にご説明するように、タイプは「木火土金水」のいずれかに分かれます。自分が「水」タイプの場合、子どもが「金」タイプならどのように関わればいいのか。このようなことを、具体的に説明していきます。

2

Talent Focus®
五つのエレメントとは

自分と子どものタイプを知るための Talent Focus®

まずは、「木火土金水」にそれぞれどのような特徴があるかを見ていきましょう。ご自身は、どのタイプ（エレメント）になりそうか、お子さんはどうか、考えながら読み進めていただくといいでしょう。

このエレメントは、生まれた時から備わっているものです。一生のうちにどこかで変わるということはありません。もちろん双子や兄弟でも違います（たまたま同じになることはあります）。これらのエレメントの特徴が現れるようになるまでには、時間を要する場合もありますが、小学生ぐらいになればほぼ見当をつけることができるはずです。

むしろ、大人になると「母としての自分」「上司としての自分」を演じすぎることで、本来のエレメントの特徴が隠されている場合もありますから、注意が必要です。

5つのエレメントの特徴

水

・特定の事象へのこだわりがとても強く、好きなことを繰り返す傾向にある。
・目的意識が高く、明確な理由がないと動かない。
・自分がやっていることは正しいという確信を持っている。
・不具合を調整したり、準備を整えて、より完成度の高いものを目指す職人肌。
・型にはまらず自由にノートをとる。
・文字の大きさは中程度。
・文房具にこだわりがある人も多い。
・WHYで考える傾向がある。

木

・いろいろなアイデアが芽吹いてくる才能。
・前例のない中で、0から1を創ることができる。
・全体を把握する能力に長けている。
・あえて他人とは違うことを好む。
・上から目線になりがちなことも。
・同じことを繰り返すのは苦手。
・白紙のノートに自由に書くことを好む。
・WHATで考える傾向がある。

金

・冷静沈着。
・効率主義で無駄を嫌う傾向が強い。
・地味ではあるけれども正確で確実。
・大きな路線変更や冒険はしたがらない。
・集団より個を重んじる。
・数字でコントロールしたい気持ちが強く、求める基準も高い。
・ノートの文字は小さい。
・HOWで考える傾向がある。

火

・話題の中心にいることが多く、大勢の中でも目立つ。
・既にあるものを発展・展開することが得意。
・仲間意識が強く連帯感を重んじる。
・人の注目を集めると輝くタイプ。
・孤立すると機嫌が悪くなり、八つ当たりすることも。
・体全体を動かすジェスチャーが顕著。
・横罫のノートを好むが、罫線を無視して書くことも多い。
・WHOで考える傾向がある。

土

・責任感と思いやりがあり誠実。
・関係性やつながりを重んじる。
・慣れ親しんだことや繰り返し作業に強い才能。
・観察力が高く、安心安全のために入念な準備をする。
・こだわりが強く、特定のものについて収集癖のようなものがある。
・意思決定が苦手。
・方眼罫のノートを好み、小さな文字で記入する。
・WHEN／WHEREで考える。

木のエレメントの特徴

木

拡張するエネルギーを持つ。いろいろなアイデアが芽吹いてくる才能。成長する人。発想の切り替えや行動スピードがはやく、興味の対象が次から次へとすぐ変わる。前例のない中で、ゼロから一を創ることができる。全体を把握する能力に長けている。あえて他人とは違うことを好む。上から目線になりがちなことも。同じことを繰り返すのは苦手。胸から上のジェスチャーが顕著。白紙のノートに自由に書くことを好む。WHATで考える傾向がある。

どんどん枝を伸ばし、木の葉を茂らせる「木」。五つのエレメントの中では、物事の始まりを示すエレメントです。「木」の一番の特徴は、新しいことを始めるのが得意なところ。次から次へと手を出して、興味の対象がコロコロ変わります。新しいものを欲しがるのも「木」の特徴です。大人であれば、限定品に弱く、コンビニの季節限定、期間限定商品はまず試してみます。メニューでも「限定二〇食」と書かれたものを選んだり、シリアルナンバー付きの商品を手にいれたりして喜ぶタイプです。子どもであれば、ノート、鉛筆、洋服、おもちゃなど、新しいものを欲しがります。

スピード感がある人で、あまり細かいことを考えずに、アイデアをポンポン出します。しかし、最後までやり遂げるのは苦手です。途中で飽きてしまって中途半端で終わってしまうことも。同時にいろいろなことを進めるので、机の上がごちゃごちゃしていたりします。一見すると注意力散漫に見えるのですが、その都度、その都度は集中力をもって取り組んでいます。

ＷＨＡＴで考える人です。「何する？」「それ何？」と、常に「今」を考えています。今この瞬間に集中して生きているので、「今」という単語も会話に出てきます。

この才能に、名前をつけるとしたら「ディレクター」です。アイデアを出し、物事を始め、大きな組織を動かしていく。スピード感のある人が「木」のエレメントに属します。

火のエレメントの特徴

火

具現化するエネルギーを持つ。花を開かせる才能。人と集まることが好き。バラエティに富んだネットワークを好む。話題の中心にいることが多く、大勢の中でも目立つ。既にあるものを発展・展開することが得意。明るく楽しく。仲間意識が強く連帯感を重んじる。人の注目を集めると輝くタイプ。孤立すると機嫌が悪くなり、八つ当たりすることも。決して視野は広くなく、「お山の大将」的なところがあり、強く出ると威圧的になる。体全体を動かすジェスチャーが顕著。横罫のノートを好むが、罫線を無視して書くことも多い。WHOで考える傾向がある。

熱いエネルギーを持った「火」。人間としてのエネルギーが強い人です。すでにあるものを、発展させることを得意としています。一を二に、二を一〇に、と広げていける才能を持っています。

連帯感を重んじ、仲間を大切にします。二〇～四〇人規模のグループをまとめるのが得意です。人のことをよく見ているため、違いに気づくことができます。「髪切った？」「元気ないね？」「何かあったの？」などと声をかけてくるのは、「火」の人の特徴です。お子さんであれば、「今日、学校で何したの？」と聞くと、「誰々ちゃんと遊んだ」「誰々ちゃんにこんなことがあった」など、人の話をします。

皆と一緒に楽しむことを常に考えているので、イベントの発案や提案などをすることも多いです。しかし、綿密に計画しての提案ではなく、その場のノリで「～やろう！」という感じです。

WHOで考えるため、「誰とするか」「誰が来るか」「誰と組むか」を気にします。人を中心に物事を考える傾向があるのは「火」のエレメントに属する人です。

この才能に名前をつけるとしたら「リーダー」です。周りの人をぎゅっとまとめ、自分の持つ熱いエネルギーで強力に引っ張っていくタイプです。

土のエレメントの特徴

土

変容させ維持するエネルギーを持つ。人を守り育て、保護する才能。責任感と思いやりがあり誠実。丁寧、ゆっくり、穏やか。関係性やつながりを重んじる。慣れ親しんだことや繰り返し作業に強い才能。観察力が高く、安心安全のために入念な準備をする。こだわりが強く、特定のものについて収集癖のようなものがある。単独行動よりも集団の一員であることを好み、なるべく人と同じであることで安心するタイプ。意思決定が苦手。方眼罫のノートを好み、小さな文字で記入する。WHENやWHEREで考える。

大地となり私たちを包み込む「土」。人も物事も、穏やかに受容できる能力があります。安心や安全に対して、敏感です。失敗することを恐れるタイプで、常に物事に備えておきたいと考えています。自己紹介があるなら、原稿を準備しておく。雨に備えて折り畳み傘を携帯する。どうすればうまくいくかではなく、失敗しないかを考えています。初めてのことやぶっつけ本番は苦手で、二度目以降にうまくいく確率が格段にアップするのも特徴です。事務的な作業、ルーティンワークも嫌がらずにこなす、縁の下の力持ち。きめの細かい対応ができるもの特徴です。自分を後回しにし、人の役に立とうとします。日本人に比較的多いタイプです。

フリースタイルの質問や何かを決めるのは苦手で、限定された選択肢の中から選ぶことを好みます。新しいことやぶっつけ本番には対応できません。「土」のエレメントの人に「何を食べに行きたい？」と聞くと、「何にする？」とそのまま返ってきます。意思を尋ねたいときには「AとB、どちらがいい？」と二択に。新しいお店よりも、行きつけの店を好む人です。

WHENやWHEREで考えるのは、きちんと準備をしておきたいからです。話をしていると、「いつから？」「どこで？」といった質問が多く出てきます。

この才能に名前をつけるとしたら「トレーダー」。全体のことよりも目の前のことが気になる人です。

金のエレメントの特徴

金

秩序を保つエネルギーを持つ。冷静沈着。完璧主義。リスクを意識する。効率主義で無駄を嫌う傾向が強い。地味ではあるけれども正確で確実。大きな路線変更や冒険はしたがらない。評判、とくに自分が信頼している層や相手からどう見られているかを気にする。忠誠心は強く、優秀な家臣のように献身的に主に尽くす。集団より個を重んじる。数字でコントロールしたい気持ちが強く、求める基準も高い。ノートの文字は小さい。ＨＯＷで考える傾向がある。

土中の奥深いところで長い時間をかけて醸成される「金」。本質的に優れたものを好む傾向が強く、装飾や華美なものでごまかしているようなものには興味関心を示しません。情動を避ける傾向が強く、数字で説明できないことは当てにならないと考えています。社交辞令は言いません。誰かとつるむことはせずに我が道を行く人です。愛想がよくないため、冷徹、堅固と思われることも。女性なら「クール・ビューティー」と称されることもあります。「火」とは対照的で、人間の温度として論理的で冷たい印象があります。

「無駄」なことが嫌いで、自分が無駄と判断すると、バッサバッサと切っていきます。情に左右されることはありません。例えば、母親が「その日の気分」で遊びに行く場所を決めたりすると、嫌がるのは「金」のエレメントの子どもです。何かを決めるときには、理由が必要で、気分で物事を判断することはありません。

自分が認めた人に限っては、誠心誠意尽くします。そんな様子が「ツンデレ」と言われることも。客観的に物事を見るため、補佐役として能力を発揮します。

HOWで考えるのは、無駄に時間や労力を費やしたくないからです。目的に向けて「どうやったら」効率的かを、常に考えています。

この才能に名前をつけるとしたら「レフェリー」。ジャッジする人です。人よりも、モノやコト、情報に興味が向かうのも「金」のエレメントの特徴です。

水のエレメントの特徴

水

生きる根源的なエネルギー。絶えることなく流れる湧き水のようなもの。習得したことから、横展開で考える傾向が強いタイプ。特定の事象へのこだわりがとても強く、好きなことを繰り返す傾向にある。目的意識が高く、明確な理由がないと動かない。あまのじゃくと言われることもある。物事を最後にひっくり返すことも。自分がやっていることは正しいという確信を持っている。不具合を調整したり、準備を整えて、より完成度の高いものを目指す職人肌。WHYで考える。聞いたことをそのまま書くのではなく自分流の理解に置き換えて記録、自由にノートをとる。文字の大きさは中程度。文房具にこだわりがある人も多い。

「なぜそれをしなければいけないのか」という目的が気になる人です。目的を自分で納得してからでないと、前に進めません。自分という軸があり、他人の評価はあまり気にしません。自分の満足度、達成感を大切にします。こだわりが非常に強く、好きなことを繰り返す傾向があります。「木」が「集中する人」だとすると、「水」は「没頭する人」。鶴が羽を抜いてはたを織るくらいの没頭の仕方をします。仕事、料理、ゲームであっても同じです。また、取り掛かる前に、最終形をイメージして仕事に取り掛かります。どうなるのかが自分でわかっている状態で、巻き戻すように仕事をするのが「水」のエレメントの特徴です。職人的な仕事に多いタイプです。

常に目的を達成することを考えているので、例えば子どもの習い事でも、その道の第一人者のところへ通います。「家に近いから」というような選び方はしません。

ＷＨＹで考えるため、「なぜ?」という質問が多いのも特徴です。セミナーなどで質問をするのも「水」のエレメントの人が多いです。

この才能に名前をつけるとしたら「プロデューサー」です。落ち着いて考えることができ、混沌とした中での決断もできます。

それぞれのエレメントが、他に与える影響（五行相生）

まずは、エレメント同士の基本的な関わり方を押さえておきましょう。

図を見てください。時計の一二時のところから、右回りに回っていくことを「相《そう》生《じょう》」といいます。後ろのエレメントが自分を生みだす燃料となり、その成果を前につなげていく関係です。例えば火の人を考えたときに、木の枝をくべてもらえば燃え盛ることができますよね。ですから「火」にとって「木」は大吉です。火が燃えた後には、灰、つまり「土」が残ります。「火」が頑張った成果を次に回すという意味で、「火」にとって「土」は小吉です。成果を形にしてくれる人だからです。「土」を中心に見れば、「火」の働きで「土」ができて、「土」が頑張った結果、土の中で鉱石が生まれ始めます。燃料をもらい、自分が開花し、成果を次へつなげて行く。自分のエレメントの後ろと前は、こういった関係性になっています。

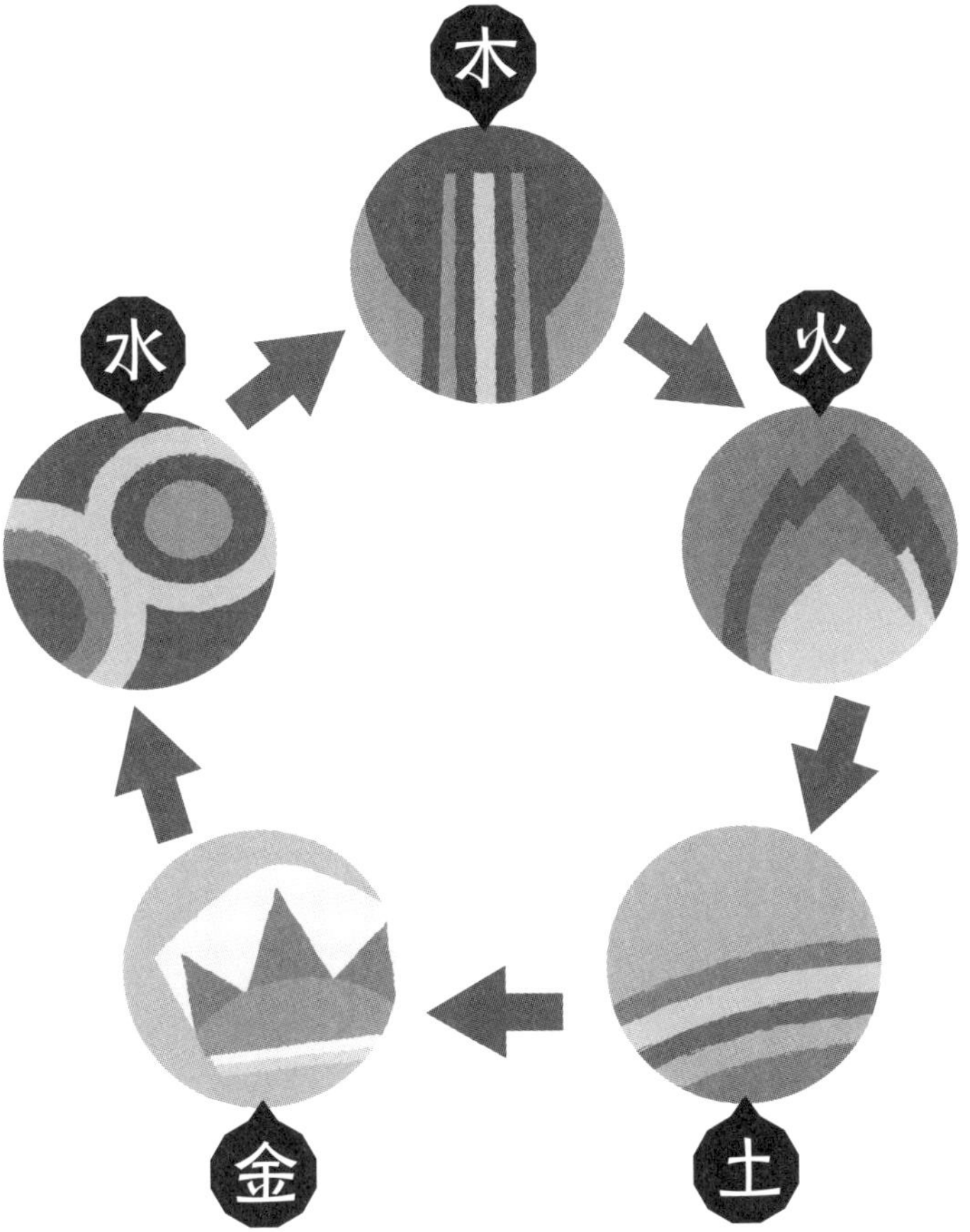

相生／右回りに働きかける「順行」の関係

• 後ろのエレメントは、自分に燃料をあたえてくれる、大吉の人
• 前のエレメントは、自分の成果を渡す、小吉の人

大切なのは、図の矢印の方向で「働きかける」ということです。この右回りの矢印の向きの働きかけを、私は「順行」とよんでいます。木の人が火に働きかけ、火の人が土に働きかける。そのようにすると、家庭も組織もうまく回ります。

隣り合っていても、逆回転ではうまくいきません。私はこれを「逆行」とよんでいますが、うまく行っていない家庭や組織は、逆行で働きかけをしていることが多いからです。

例えば、子どもが「火」の場合、注意は「木」の人からするのがベストです。これは順行です。「木」からの注意であれば、「火」の子どもは素直に聞くことができます。しかし「土」からの注意は、耳に入らないのが「火」の子どもです。自分と子どもの関係が順行にある場合は、積極的に働きかけたり声をかけたりするのがいいのですが、逆行にある場合は、促す程度に留めたり、相手の出方を待つことが大切です。

エレメント同士の利害関係（五行相剋）

五つの要素が加害・被害の関係にある状態を「相剋《そうこく》」といいます。一つのエレメントが、他のエレメントから攻撃を受けることによって、本来持っている力を減らされる関係です。相手を押さえつけたり、良さを殺してしまう関係性となります。じゃんけんのようなものと考えるといいでしょう。あるエレメントには負けるけれども、あるエレメントには勝つ、という具合です。

例えば「木」は「土」に勝ちます。土の栄養を吸い取って、土に根を張っていきますから、土は弱ってしまうのです。しかし「木」は「金」には負けてしまいます。硬い金属で、枝をバサバサと切り取られてしまうからです。

これを親子関係で見ていきましょう。わかりやすいのが、「火のエレメントの母」に「金のエレメントの子ども」。メラメラと燃え盛る火が金属を溶かしてしまい、お子さんを弱らせてしまうパターンです。金のエレメントの子というのは、熱量が低く、一人でいることを好みます。そっとしておいて欲しいタイプです。一方、「火の母」は熱量が高く、仲間意識の高い人です。ですから良かれと思って「〇〇君がサッカーを始めたから、一緒にやったら？　チームスポーツって大事よ」と、無理やり練習に連れ出します。仲間といることが心地よい「火の母」にとっては、いつも一人でいる「金のエレメントの子」を心配して、無理にでも友だちを作らせようとしているのかもしれませんが、「金のエレメントの子」にとっては大きなお世話です。「金のエレメントの子」は一人で本を読んだり、家でのんびりしていることが好きなのです。集団での活動に投げ込まれると、疲弊してしまいます。

これは仕事でも同じです。立場にあるメンバーが「金」。「木」のエレメントはアイデアを出すのが得意ですから、私がする「こんなことしようよ」という提案を、「金」は「それ、どうやってやるんですか？」と一気にバサッと切ってきます。「金」はＨＯＷが気になるので、常に「どうやって？」と聞いてくるのです。「木」は「金」には負ける関係性にありますから、私はいつもバサバサとアイデアを切られてしまいます（しかし「木」の良いところは、それでくじけないところです）。これが相剋の関係です。

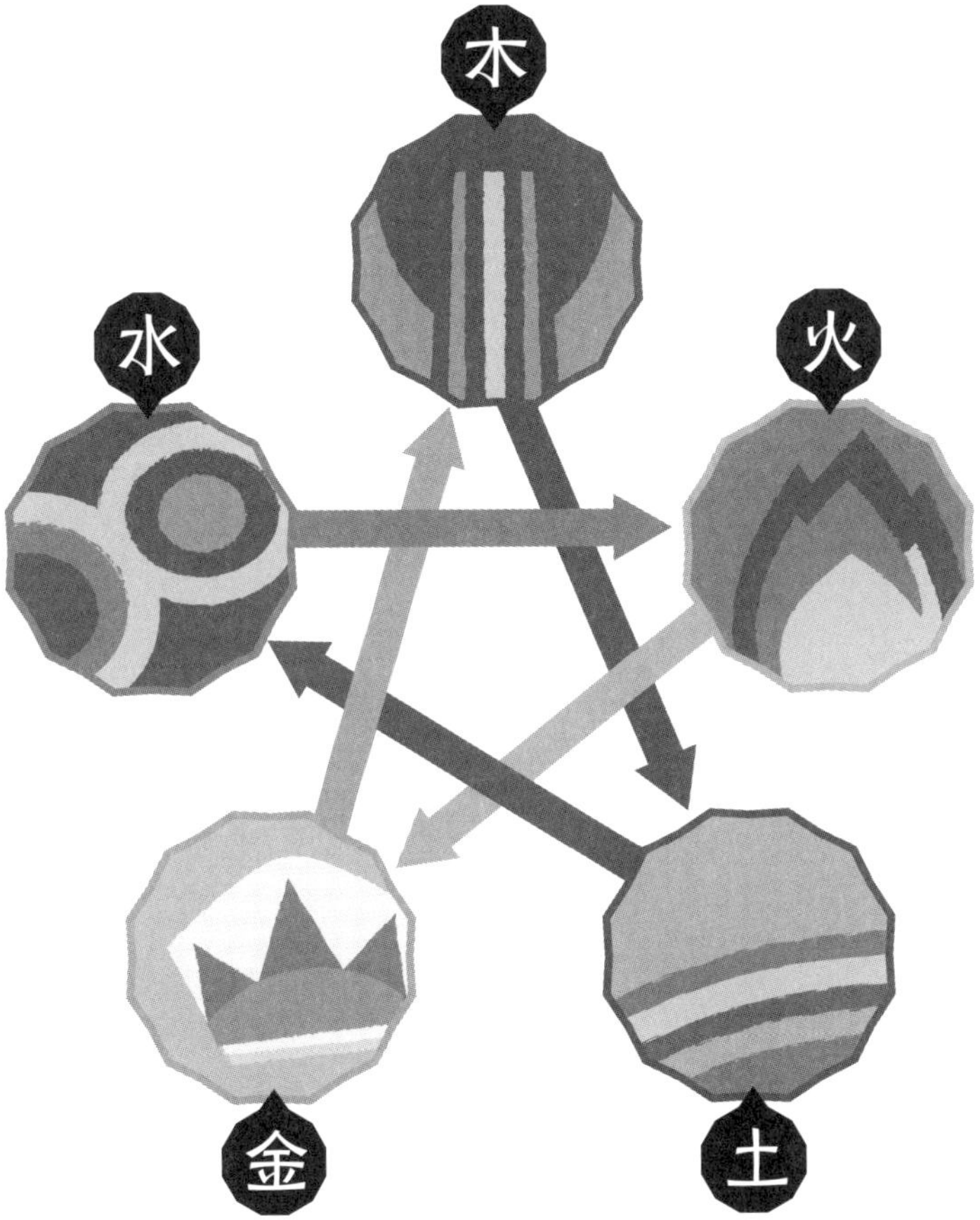

相剋／相手の持っている力を押さえつける関係

同じエレメント同士の結びつき（比和）

同じエレメント同士の場合を「比和《ひわ》」と呼びます。木と木、火と火、土と土、金と金、水と水。おなじエレメント同士の結びつきです。1＋1＝3のように、良い時はさらに良くなるのですが、悪い時はそのまま反対にマイナスに転じてしまいます。良きにつけ、悪しきにつけ、水はコップ一杯の水で流すより、二杯の方が勢いがつきますよね。そんなイメージです。

例えば親子で鉄道模型に凝っていて、一部屋それで潰している、というご家庭がありました。「金のエレメントの父」に「金のエレメントの子」の組み合わせです。典型的なコレクター親子です。二人はとても楽しいのですが、母親はそこに混ざることができず「話が合わない」と言っていました。同じエレメントにある二人は、相乗効果で、このように持っている要素が強調されることが多いのです。

3

自分のエレメントを見つける、子どものエレメントを見つける

親がまず自分の才能を知り、子どもの才能を見つける

3章では、みなさんご自身とお子さんのエレメントを判定していきます。なるべく正確に判定するために、いくつかの方法を用いています。

2章の各エレメントの説明を読んで、「私はもしかしたら、土のエレメントかもしれない」「息子は金のエレメントではないか」など、ある程度予測がついているかもしれません。その予測は、しかし、ここでは一度それを白紙に戻して、細かく判断をしていきましょう。最終的には、この3章で出した結果と、最初の予測とを照らし合わせて判断していきます。

大人も子どもも、判定の仕方は基本的には同じですが、ここではわかりやすく大人と子どもに分けて説明しています。まず、大人の判定基準を用いて自分やパートナーを判定することで、子どもの判定をするときにもっとスムーズにできるようになるでしょう。

自分の才能の見つけ方
チェック　その一

まずは、次の質問に答えてください。

Q1：何かわからないことがあるとき、最初のアクションは次のどちらですか？

A：とりあえず誰か近くにいる人に聞いてみる。

B：まずは自分で調べる。

Q2：趣味は次のどちらのタイプですか？

A：仲間でワイワイ練習したりするもの。

B：一人で練習したり、物を集めたりするもの。

Q3：ある会社の情報を調べます。最初にすることはなんですか？

A：経営者がどんな人物かを調べる。

B：株価や商品をチェックする。

Q4：SNSの使い方で近いものは？

A：自分からどんどん近況をアップし、友人にもコメントを送る。

B：人のフィードを読むだけ。もしくは、SNSはあまり使わない。

Q5：周囲の人から、どんな風に言われますか？

A：元気がある。熱い。エネルギーがある。暑苦しい。

B：おとなしい。冷静。クール。冷たい。

Q6：新しくできたレストランにはじめて出かけました。後で思い出すことは？

A：料理がおいしい、スタッフが親切である、など楽しい思い出。
B：テーブルが狭かった、予約していたのに待たされた、味が濃かった、など否定的な思い出。

Q7：モチベーションのタイプは？

A：意欲が上がると、スキルが上がる。
B：スキルが身についてから、意欲が上がる。

AとB、どちらの数が多かったでしょうか？
67ページの五角形をみてください。これは「興味の向き」を見るための五角形です。向かって右側と左側で性格が「外向的」と「内向的」に分かれています。「陽」と「陰」と表すこともできます。Aが多かった人は、右側の「外向的（陽）」、

Ｂが多かった人は左側の「内向的（陰）」に当てはまります。まずは、自分がどちらのグループになるか、この表に○をつけてみましょう。

「外向的（陽）」、「内向的（陰）」といっても、性格として明るい、暗いということではありません。内向的でも明るい人はいますし、外向的でも暗い人はいます。これは「興味の向き」がどちらに向いているか、ということです。外に向いていれば外向的、内に向いていれば内向的です。

外向的、内向的の違いは、人に興味が向くか、モノやコト、情報に興味が向くかで大きく分かれます。例えば、何かを調べる時に、近くにいる人にとりあえず聞いてみる、というのは外向的な人がすることです。エレメントでいえば、「木」「火」「土だけれども、火に近い人」です。すぐにネットで調べたり、資料を見たり、第一人者やそのことに詳しい人に連絡を取るというのは、左側の人です。「土だけれども、金に近い人」「金」「水」です。第一人者に連絡を取るというのは、一見、人との関わりではないか、と思われるかもしれませんが、これは「確実な情報を取りに行く」という意味で、近くにいる人に聞いてみる、という行動とは全く違います。

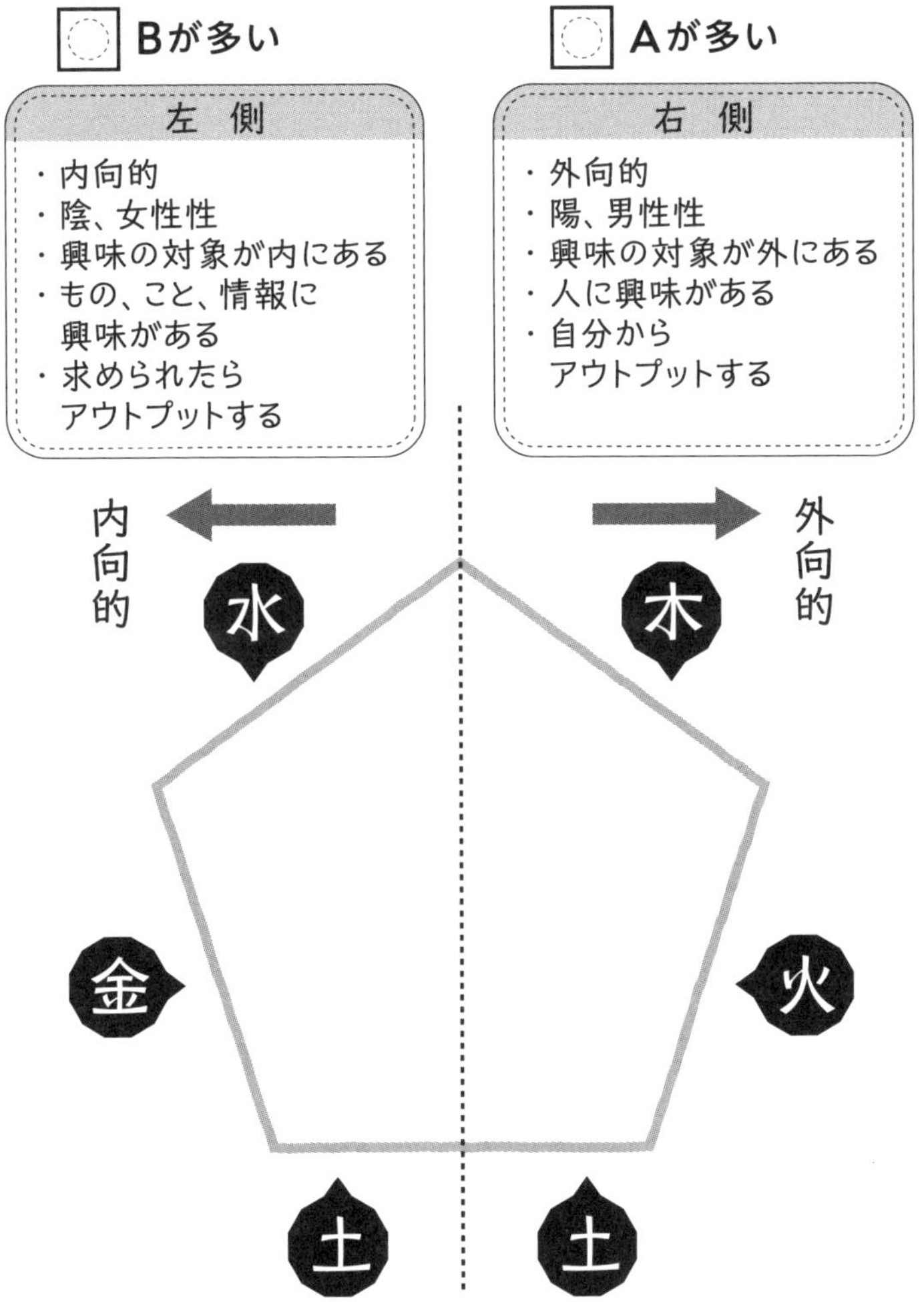
Bが多い
左 側
・内向的
・陰、女性性
・興味の対象が内にある
・もの、こと、情報に
興味がある
・求められたら
アウトプットする
Aが多い
右 側
・外向的
・陽、男性性
・興味の対象が外にある
・人に興味がある
・自分から
アウトプットする
内向的
外向的
水
木
金
火
土
土

右側の人たちは、趣味でも仲間でワイワイ楽しむものを選ぶ傾向がありますし、コミュニケーションを取るのを楽しむ人ですから、周りがいつもにぎやかで明るく楽しい感じがあります。人としての熱量も高めで、「エネルギーがある」「活発」「元気」などと言われることが多いのです。「暑苦しい」とか「落ち着きがない」などと言われることもあるかもしれません。

一方、左側の人たちは、物を集めたり、技を磨いたり極めたりするような趣味を好みます。突き詰める感じですね。収集癖がある方は、こちらの部類です。人としての熱量は低めで、「冷静」「落ち着きがある」「控え目」などといわれます。女性であれば、男性を立てるようなタイプです。時に「クールすぎる」、「人に興味がない」などと言われてしまうこともあります。

また、右側の人たちは、反応が早いです。新しいものに反応する、動くものに反応するという癖があります。興味の対象が常に外を向いていて、あまり深く考えることはありません。考えるより先に体が動くタイプですね。一方、左側の人たちは、考えてから体が行動します。なぜそれをするのか、どうやってするのかを考えた上で、初めて行動に移すのです。

例えば右側の人たちは、「春だから旅行に行こう！」という広告を見て、周りの人に「ねえ、どっか旅行に行こうよ！」と話をはじめます。どこどこへ行きたい、ではなく、なんとなく旅行に行きたいから、まずは話してみる、という感じです。ノリや気分、思いつきで行動ができるのです。左側の人たちは例えば「この春、京都の○○で○○のご開帳があるから、二泊三日で出かけよう」と計画を立てます。

このようにお話をすると、「右側の人たちの方が人生楽しそうですよね」などという声が上がります（笑）。でも、見方によっては振り回し系ですよね。一方左側の人たちはきちっとしているため、一緒に行動する時には安心感があるものです。家族でも、組織でも、両方の人々がうまく関わりを持つことで、グループとしてのバランスが生まれます。

最初のチェックの結果では、次のように見立てることができます。

- Aが多かった人：「木」「火」「土だけれども、火に近い人」
- Bが多かった人：「金」「水」「土だけれども、金に近い人」

自分の才能の見つけ方
チェック　その二

次の質問に答えてください。

Q1：何か作業をするときに、どちらの傾向がありますか？

C：スピードを重視して、早く終わらせる。

D：期日には間に合うように、ゆっくり丁寧に行う。

Q2：コンビニにチョコレートを買いに行きました。どちらを選びますか？

C：季節限定品。

D：定番商品。

Q3：仕事が二つあります。どちらを選びますか？

C：会議の司会。

D：封筒への切手貼り。

Q4：四人でレストランに行きました。友人三人はオムライスを注文しました。あなたは？

C：三人とは違うものを選ぶ。

D：自分も同じオムライスにする。

Q5：ある決断を求められました。どのように判断しますか？

C：直感を信じて速やかに決める。

D：経験を振り返りじっくり検討してから決める。

Q6：仲間で食事会を開くことになり、あなたがお店を探すことになりました。

C：流行のメニューがあるお店、新しいお店にチャレンジしてみる。

D：知っているお店や利用したことのあるお店を選ぶ。新規開拓はしない。

Q7：話をするときは

C：自分が説明する立場になることが多い。

D：まず相手の話を聞く立場になることが多い。

CとD、どちらの数が多かったでしょうか？

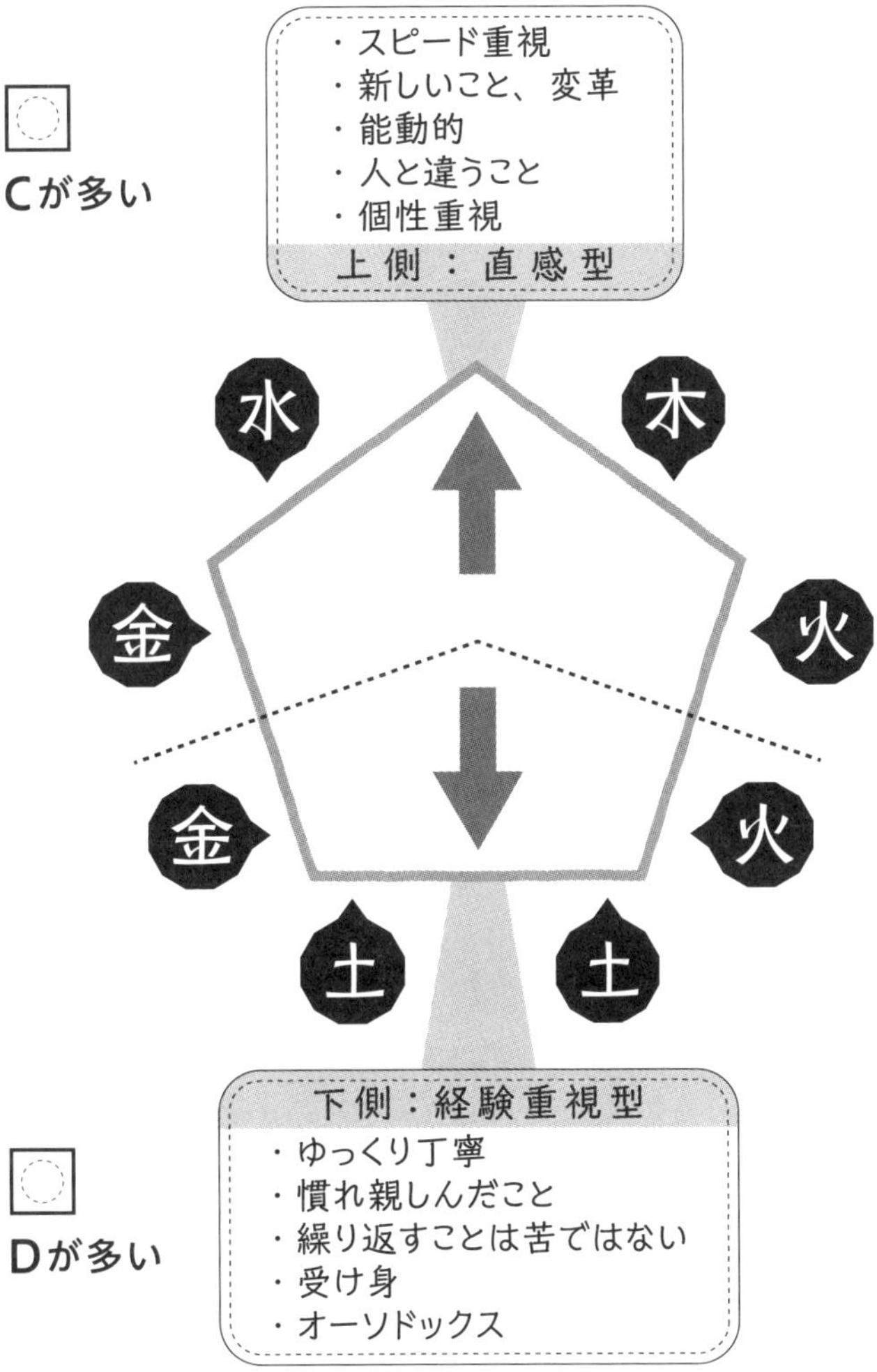
・スピード重視
・新しいこと、変革
・能動的
・人と違うこと
・個性重視
上側：直感型
Cが多い
水
木
金
火
金
火
土
土
下側：経験重視型
・ゆっくり丁寧
・慣れ親しんだこと
・繰り返すことは苦ではない
・受け身
・オーソドックス
Dが多い

前ページの五角形をみてください。これは「直感型か、経験重視型か」を見るための五角形です。上側と下側で性格が「直感型」と「経験重視型」に分かれています。Cが多かった人は上側の「直感型」、Dが多かった人は下側の「経験重視型」に当てはまります。まずは、自分がどちらのグループになるか、この表に◯をつけてみましょう。

直感型、経験重視型の違いは、スピードを重視するか、丁寧に物事を行うかで大きく分かれます。何か作業を頼まれたときに、チャッチャと終わらせるのがスピード重視の直感型の人。エレメントでいえば、「水」「木」「金だけれども、水に近い人」「火だけれども、木に近い人」です。ゆっくり丁寧に行うのは、エレメントでいえば「土」「火だけれども、土に近い人」「金だけれども土に近い人」です。経験を頼りに確実に仕事をこなすタイプの人です。

また、直感型の人は人前に立ったり、計画を立てたりする能動的な仕事を好む傾向があります。経験重視型は、ルーティン作業を厭わずにこなす力をもっています。

買い物でいえば、直感型の人は限定商品が大好き。コンビニで新しい商品を常にチェックしているのは、直感型の人です。当初は購入する予定のなかったものでもカゴに入れていきます。人と違うことに価値を感じるため、いち早く新商品をゲットすることに意義を感じます。迷わず定番商品、必要なものだけを買うのが、経験重視型の人。安心、安全であることに価値をおきますから、新しい商品にチャレンジして「美味しくなかった」というリスクを負うことを避けようとします。

同じように、新しいお店をどんどん開拓するのは、直感型、五角形の上側の人たちです。経験重視型の人たちは、「いつもの店」に行くことがほとんど。慣れ親しんでいるお店がくつろげるからです。メニュー選びにも差が出ます。人とは違うものをオーダーするのが直感型。「私も同じもので」と、皆と同じものを頼んで安心するのが経験重視型です。

チェックの結果の読み方（自分）

さて、ここまでチェックを行って、ある程度の傾向が見えてきました。

ＡＣの組み合わせ：「木」もしくは「火だけれども、木に近い人」
　→「木」か「火」
ＡＤの組み合わせ：「火だけれども、土に近い人」「土だけれども、火に近い人」
　→「火」か「土」
ＢＣの組み合わせ：「水」もしくは「金だけれども、水に近い人」
　→「水」か「金」
ＢＤの組み合わせ：「土だけれども、金に近い人」「金だけれども、土に近い人」
　→「土」か「金」

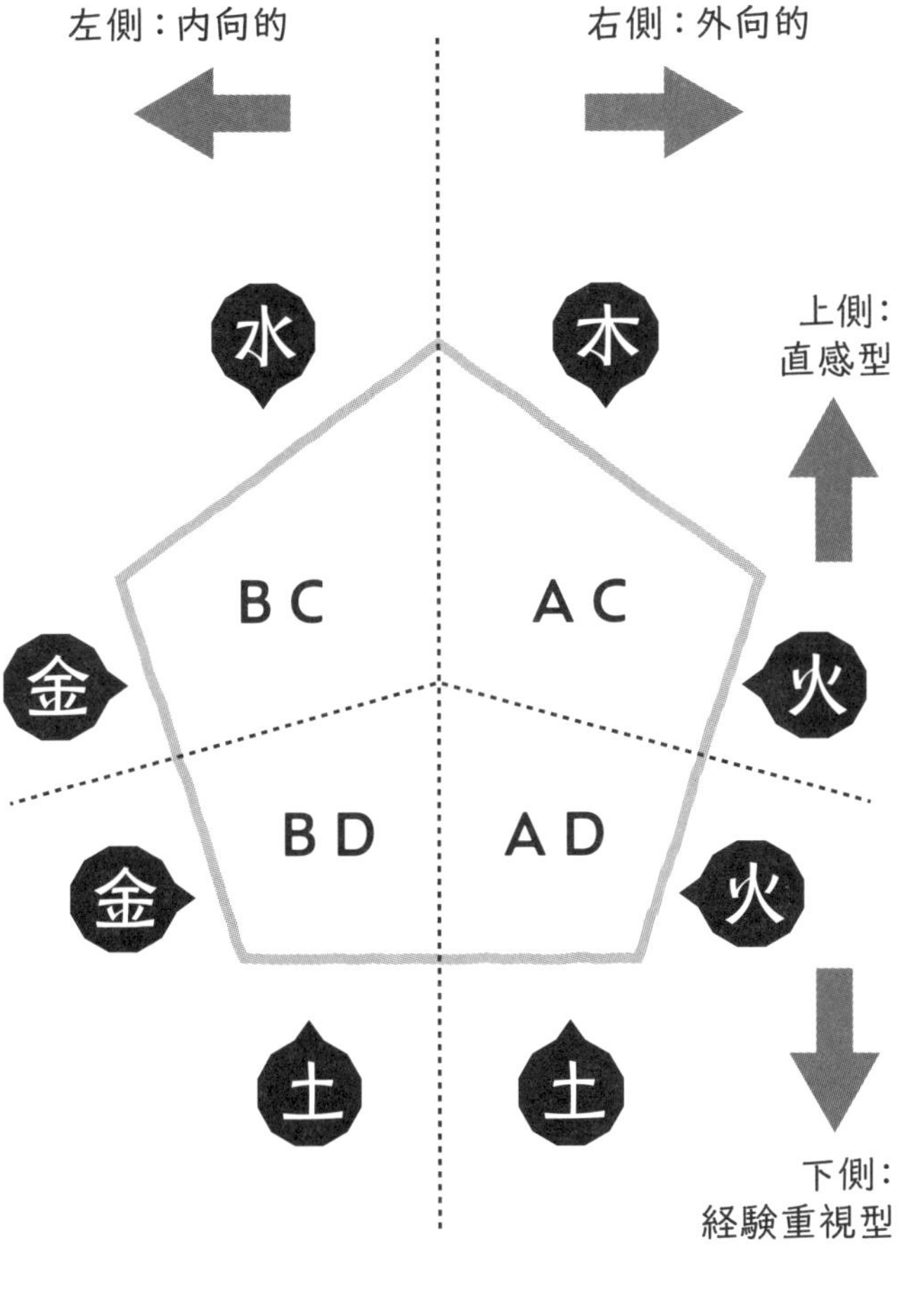

左側：内向的
右側：外向的
上側：
直感型
水
木
BC
AC
金
火
BD
AD
金
火
土
土
下側：
経験重視型

あなたの選んだ記号の組み合わせは、どれでしかた？

いずれの組み合わせでも、要素は二つに絞られました。2章のそれぞれの要素の解説を読んだ上での予想と、この結果を比べてみましょう。予想していた自分のエレメントが、この二つのいずれかであれば、それがあなたのエレメントと考えます。「自分は『木』かな？」と思っていたところ、組み合わせがACであった、というなら「木」と判定します。しかし、ご自身の予想と違っていた場合は、もう一度2章に戻って、絞られた二つのエレメントの特徴を読み返してみてください。どちらがより、あなたに近いでしょうか？　判断を助けるために、次の質問を活用してもいいでしょう。どちらのエレメントの答えが多いでしょうか？

≫「木」か「火」（ACの組み合わせ）で迷っている人への質問

質問1：リーダーになるとしたら、どちらの組織がいいですか？

A：三〇人ほどの組織。

B：一〇〇人を超える組織。

質問2：知人にパーティに誘われました。最初に聞くことは次のうちどちらですか？

A：どんなパーティ？

B：誰が来るの？

質問3：苦手なのはどんな人ですか？

A：自分がすることに対して、「なぜ？」と理由を聞いてくる人。

B：自分がすることに対して、説明を求める人。

質問1の答えがA：「火」がリーダーとして力を発揮する組織の規模は三〇人前後。
B：「木」は大規模な組織をまとめる力がある。

質問2の答えがA：「木」はWHATが気になるので、何のパーティなのか、その
の種類を知りたがる。
B：「火」はWHOに興味があるので、誰が来るのかを聞きたがる。
質問3の答えがA：「火」の相剋は「なぜ？」と聞いてくる「水」。
B：「木」の相剋は論理的な説明を求める「金」。
（相剋に関して、詳しくは57ページ）

》「火」か「土」（ADの組み合わせ）で迷っている人への質問

質問1：今日は曇り。降水確率二〇％です。折り畳み傘を持って行きますか？

A：持って行く。
B：持って行かない。

質問2：仕事をするならどうしたいですか？

A：人の役に立ちたい。
B：事業を拡大したい。

質問3：新しいことをする時、どのように考えますか？

A：成功したい。
B：失敗したくない。

質問1の答えがA：「土」はどんなことにも備えておきたいので、荷物が多い。
　　　　　B：「火」は「備えておく」という意識が薄い。
質問2の答えがA：「土」は常に誰かの役に立ちたいと考えている。
　　　　　B：「火」は仕事を広げていくのが得意。
質問3の答えがA：「火」は成功を目指す。

B：「土」は失敗を回避しようとする。

》「水」もしくは「金」（BCの組み合わせ）で迷っている人への質問

質問1：あなたの部署で、ある会議を主催することになりました。あなたがまず思うことはどちらに近い？

A：なぜ、その会議をする必要があるのだろう？
B：どうやって、その会議を運営したらいいだろう？

質問2：社員の結束を高めるために、旅行が計画されました。どんなことを考えますか？

A：わざわざ旅行にいくのは無駄だと思う。

B：成果が出る旅行にしたい。

質問3：苦手なのはどんな人？

A：あまり深く考えずに行動する人。
B：行動を押しとどめようとする人。

質問1の答えがA：「水」は本質的なことが気になるので、WHY「なぜ」という質問が多い。
B：「金」は方法が気になるので、HOW「どうやって」と考える。
質問2の答えがA：「金」は無駄なものを嫌う。
B：「水」は目的が明確なものには積極的。
質問3の答えがA：「金」の相剋は、考えるより先に行動する「火」。
B：「水」の相剋は、安心・安全を取りたがる「土」。

（相剋に関して、詳しくは57ページ）

≫「土」か「金」（BDの組み合わせ）で迷っている人への質問

質問1：あまり親しくないママ友（同僚）にランチに誘われました。
あなたならどうする？

A：誘われたから、行く。
B：行かない。

質問2：旅行をするなら、どちらがいいですか？

A：一人旅。
B：いつもの温泉でのんびり。

質問3：講演会に行きました。講演者の話をどのように聞きますか？

A：話に集中する。
B：できるだけメモを取る。

質問1の答えがA：「土」の態度の基本は、受容。
B：「金」は無駄なことを省きたい。
質問2の答えがA：「金」は人と群れない。旅行も効率的にしたい。
B：「土」慣れ親しんだものが心地よく感じられる。
質問3の答えがA：「金」は人の話を頭の中でジャッジしてあまりメモを取らない。
B：「土」は、細かくメモを取って記録に残す。

この質問を使って、例えば「土」か「金」で迷っていた方が、「金」と判定されたり、「水」か「金」で迷っていた方が「金」と判定されたりすることがあるでしょう。同じ金でも、最初の方は「土よりの金」、後の方は「水よりの金」です。ご自身やお子さんの性質について考える時に、「土」や「水」の傾向も参考にすることができるということを覚えておいてください。

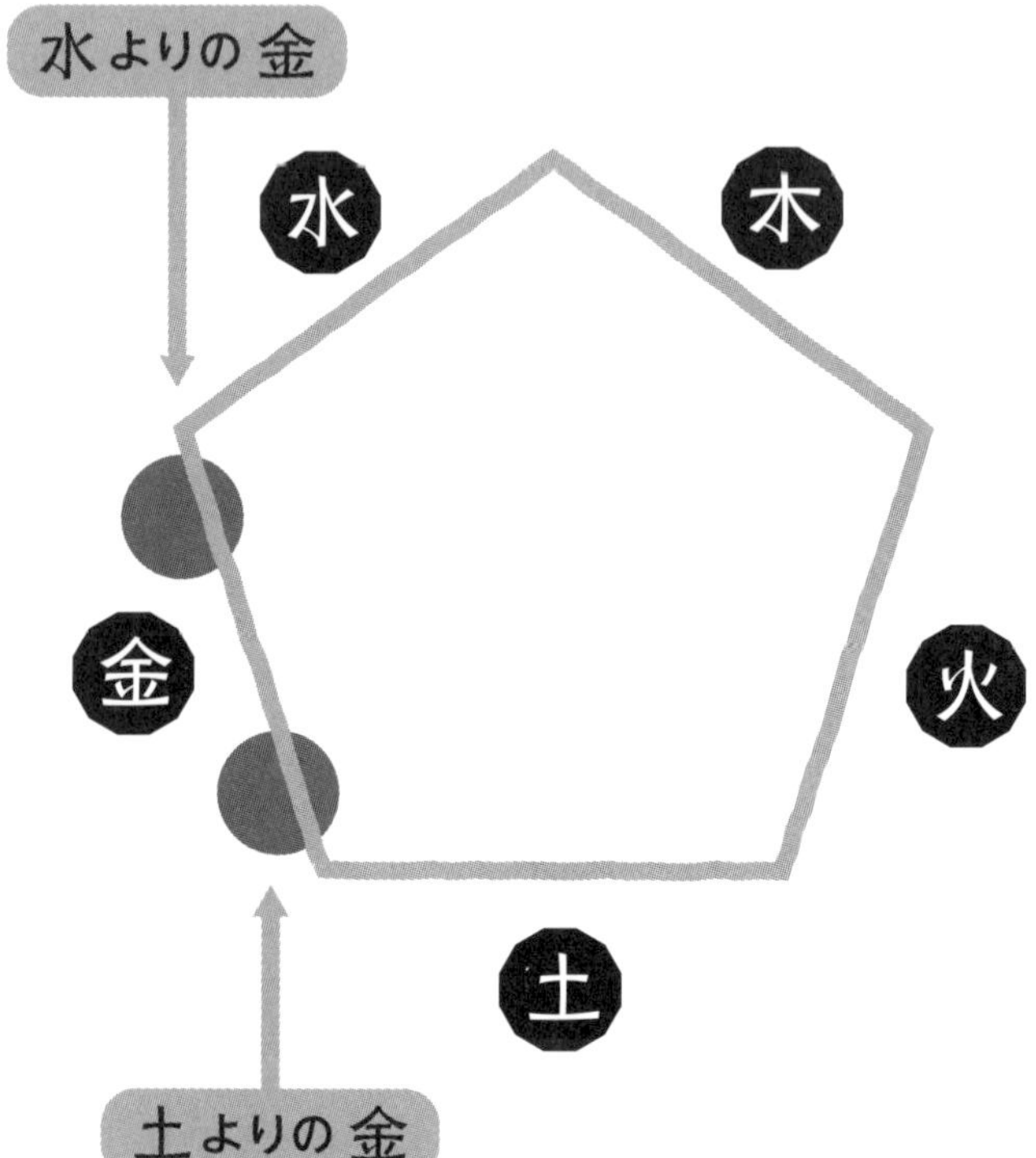

一つのエレメントの中で両隣のどちらかに近い場合がある

子どもの才能の見つけ方

チェック　その一

次は、お子さんのエレメントを特定します。次の質問に答えてください。

Q1：どちらかというと、どんな性格ですか？

A：元気。エネルギーにあふれている。

B：大人しい。恥ずかしがり屋。

Q2：おもちゃの好みを教えてください？

A：たくさんの種類のおもちゃで遊ぶ。

B：気に入ったおもちゃで遊ぶ。

Q3：友だちとの関係を教えてください？

A：たくさんの友だちと遊ぶのが好き。

B：一人で遊ぶか、決まった友だちと遊ぶのが好き。

Q4：新しいことを始める時の様子に近いのはどちらですか？

A：とにかくチャレンジしてみる。

B：失敗しないように注意して行う。

Q5：発表会では、どのような役割を担当しますか？

A：代表として話すなど、人の前に出ることが多い。

B：積極的に人前には出ない。

Q6：テストの結果が戻ってきました。九〇点でした。お子さんの反応は？

A：まあ、いい点数だったと楽観的。

B：あと、一〇点だったのに……と後悔しきり。

Q7：お子さんの傾向は？

A：ほめられたい傾向が強い。

B：叱られたくない傾向が強い。

さて、AとB、どちらの数が多かったでしょうか？

65ページでお話ししてきたのと同じく、次ページの五角形はお子さんの「興味の向き」を表しています。向かって右側が「外向的（陽）」、左側が「内向的（陰）」です。繰り返しになりますが、「外向的（陽）」「内向的（陰）」といっても、性格として明るい、暗いということではありません。お子さんはどちらのタイプになったでしょうか。◯をつけておきましょう。

右側：「外向的（陽）」のエレメント：「木」「火」「土だけれども、火に近い子ども」
左側：「内向的（陰）」のエレメント：「金」「水」「土だけれども、金に近い子ども」

□ Bが多い

左側

- 内向的
- 陰、女性性
- 大人しい
- 一人遊びが好き
- 自分から人前に出ることはない

□ Aが多い

右側

- 外向的
- 陽、男性性
- 元気にあふれている
- 友だちと遊ぶのが好き
- 人前で話ができる

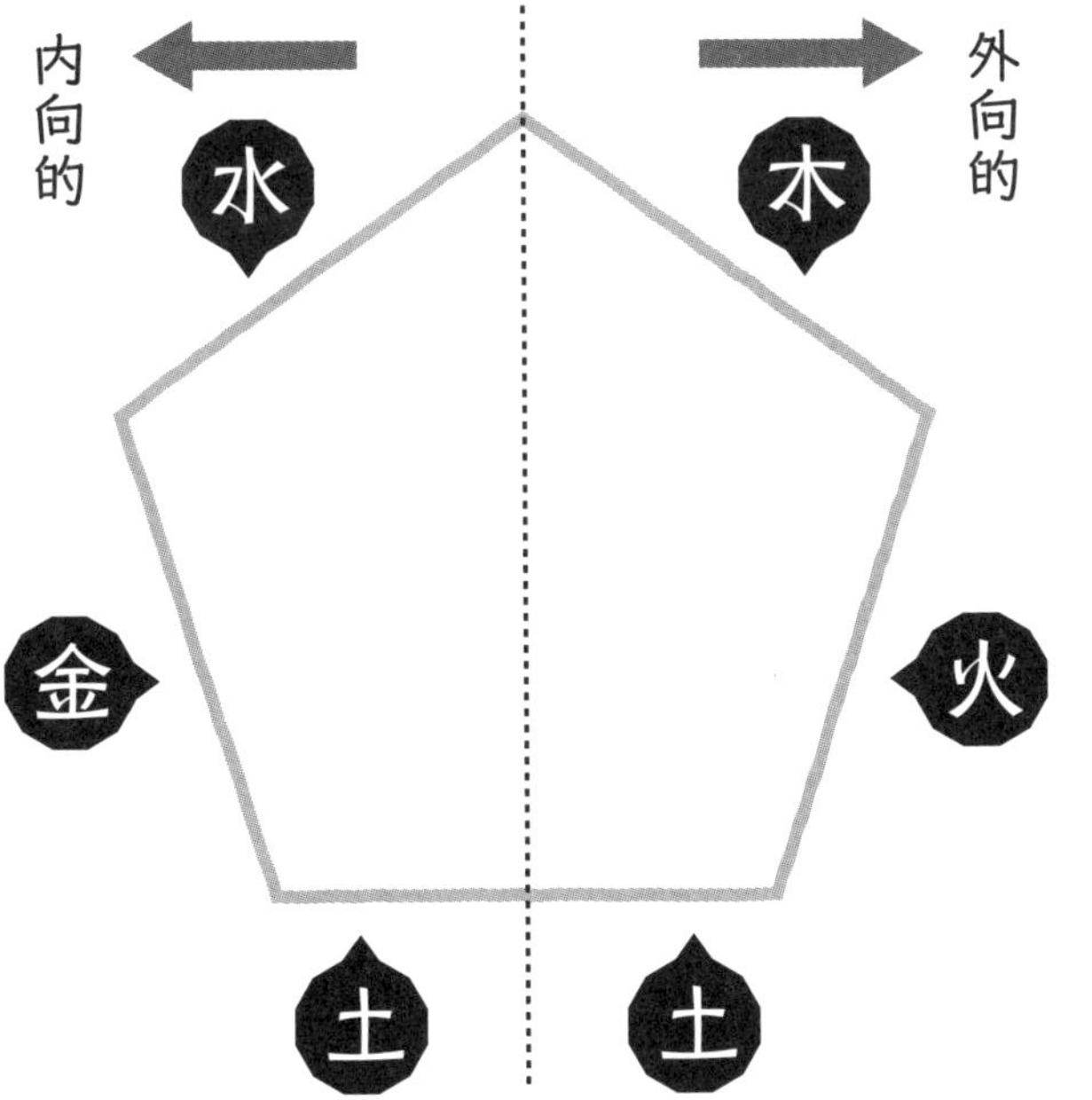

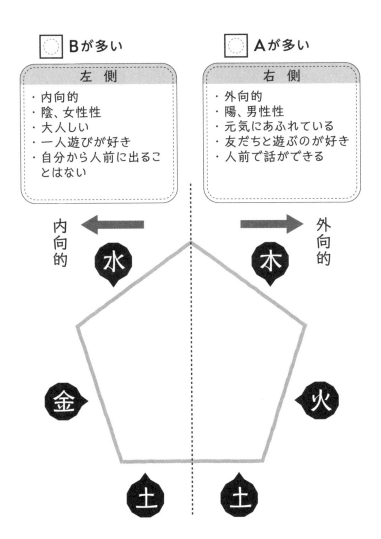

子どもの才能の見つけ方
チェック　その二

次の質問に答えてください。

Q１：洋服はどのように選びますか？

C：新しい洋服を欲しがる。

D：気に入った同じものを繰り返し着たがる。

Q２：愛着を持つものについて教えてください。

C：新しく買ったもの。

D：昔から使っている古いもの。

Q3：欲しがるものの傾向について教えてください。

C：珍しいものを欲しがる。

D：お友だちと同じ物を欲しがる。

Q4：宿題やワークのやり方を教えてください。

C：すぐに取り掛かるが、長続きしない。

D：じっくり取り組む。毎日少しずつやって、時間がかかる。

Q5：ケンカをする時の傾向を教えてください。

C：どちらかというと、自分から仕掛ける方。

D：どちらかというと、相手から仕掛けられる方。

Q6：お友だちといるとき

C：自分から話しかける、アクション型。

D：話しかけられてから返事をする、リアクション型。

Q7：出かけるときには

C：だいたいの行程を把握して行動する。

D：行き先の交通手段や所要時間などを細かく確認する。

CとD、どちらの数が多かったでしょうか？

次ページの五角形を見てください。これも大人と同じく、「直感型か、経験重視型」かを見るための五角形です。上側と下側で性格が「直感型」と「経験重視型」に分かれています。Cが多かった人は上側の「直感型」、Dが多かった人は下側の「経験重視型」に当てはまります。お子さんはどちらに当てはまりましたか？

□
Cが多い

・新しい服やおもちゃが好き
・すぐに取り掛かるが
長続きしない
・自分から人に話しかける

上側：直感型

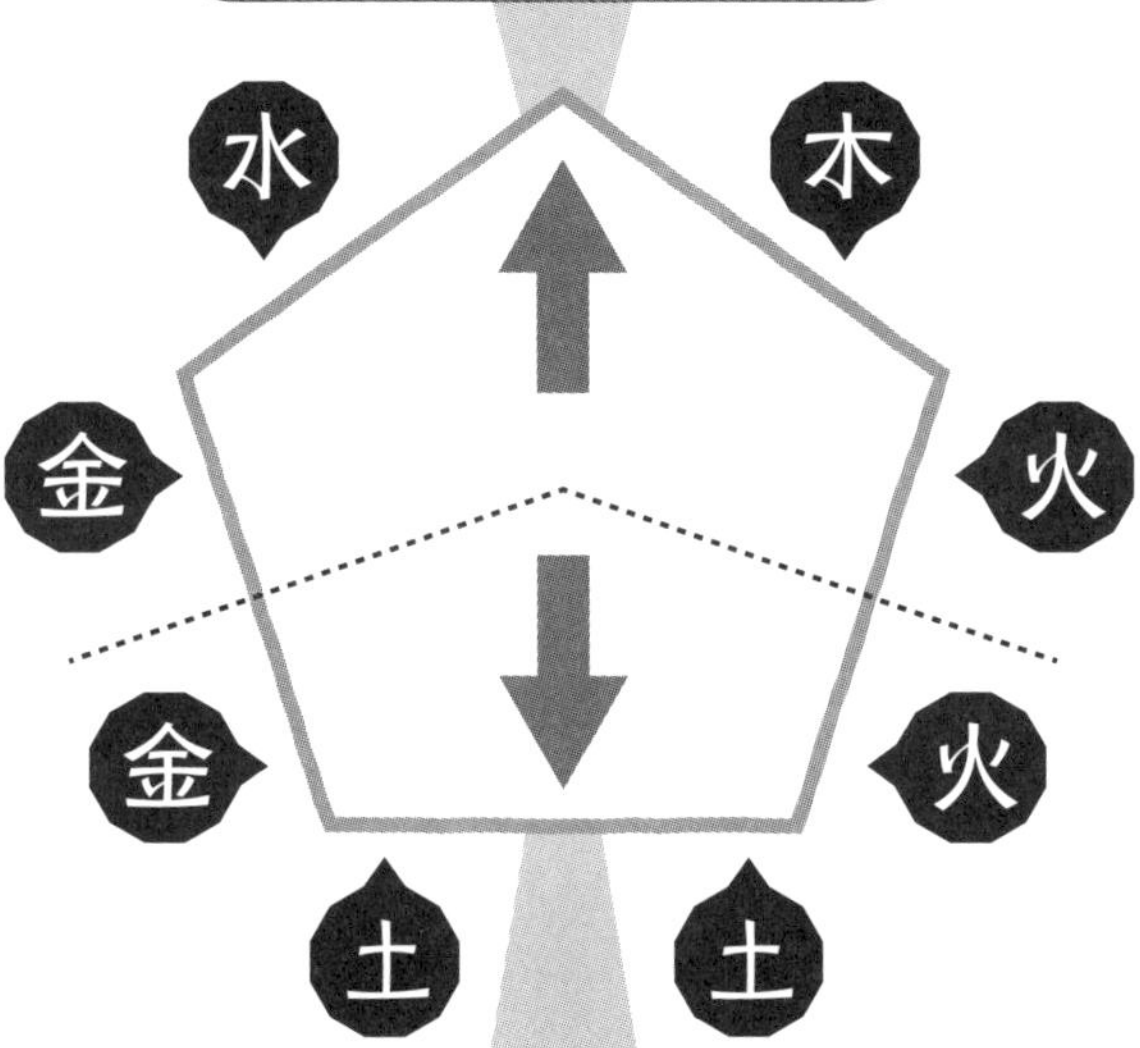

下側：経験重視型

・お気に入りの服を繰り返し着る
・じっくり丁寧
・話しかけられてから
返事をする

□
Dが多い

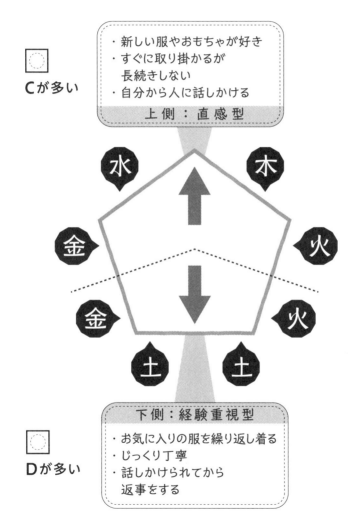

上側：直感型のエレメント：「水」「木」「金だけれども、水に近い人」「火だけれども、木に近い人」
下側：経験重視型のエレメント：「土」「火だけれども、土に近い人」「金だけれども、土に近い人」

チェックの結果の読み方（子ども）

さて、お子さんの傾向も、私たちが見てきたのと同じように、ある程度見えてきました。

ＡＣの組み合わせ：「木」もしくは「火だけれども、木に近い子」
↓「木」か「火」
ＡＤの組み合わせ：「火だけれども、土に近い子」「土だけれども、火に近い子」
↓「火」か「土」
ＢＣの組み合わせ：「水」もしくは「金だけれども、水に近い子」
↓「水」か「金」
ＢＤの組み合わせ：「土だけれども、金に近い子」「金だけれども、土に近い子」
↓「土」か「金」

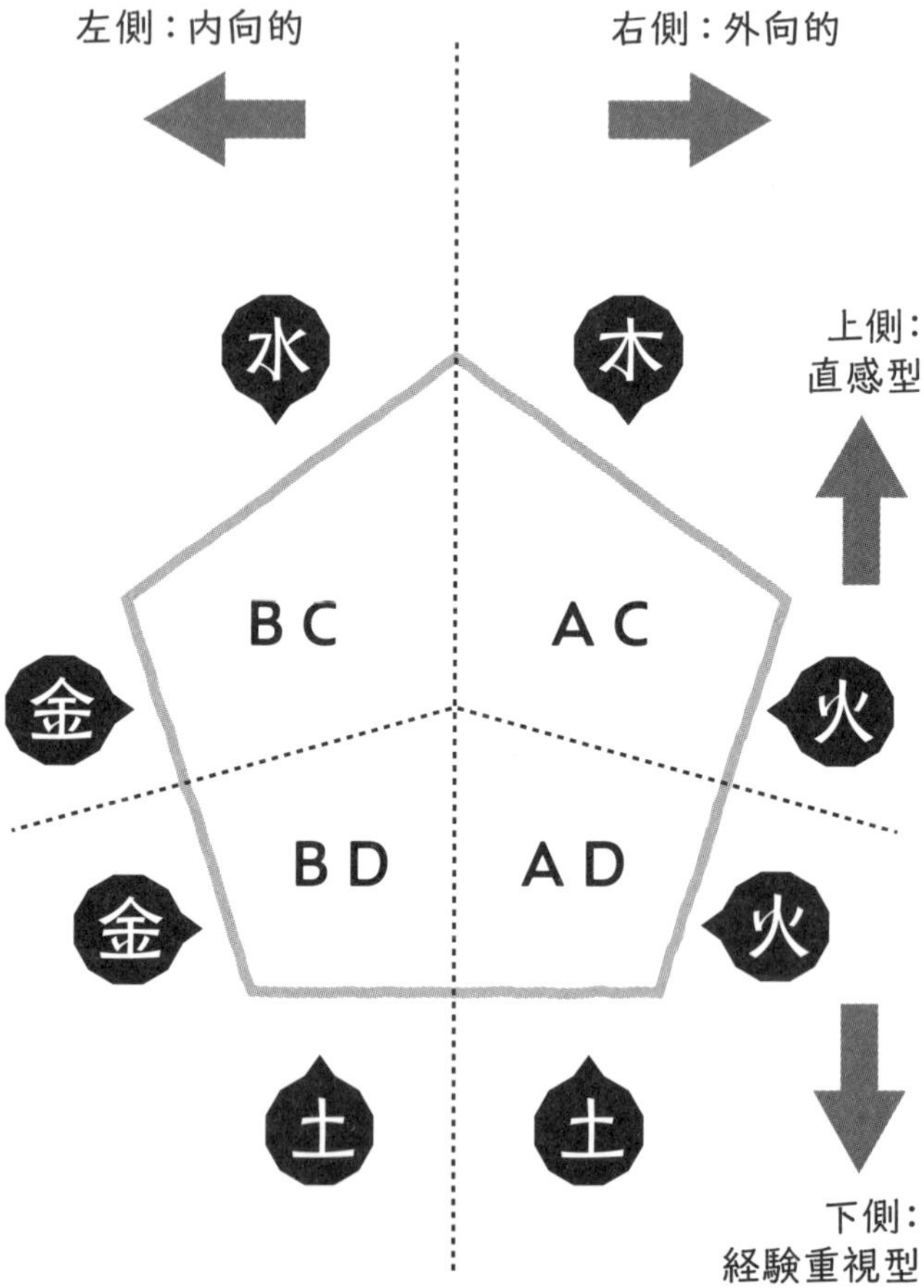
左側：内向的
右側：外向的
上側：
直感型
水
木
BC
AC
金
火
BD
AD
金
火
土
土
下側：
経験重視型

最初の予想と、絞られた二つの要素はマッチしたでしょうか？　マッチしたのであれば、最初に予想したものがお子さんのエレメントです。「うちの子は『火』のエレメントかな？」と考えていて、チェックの結果の中に「火」が含まれているのであれば、それがお子さんのエレメントです。

もし、予想とは違う組み合わせだった場合は2章に戻って、チェックで導き出された二つのエレメントの特徴を読み返してみましょう。どちらかが、より、お子さんの性質に近いはずです。判断を助けるために、次の質問を活用してもいいでしょう。どちらのエレメントの答えが多いでしょうか？

》「木」か「火」（ACの組み合わせ）で迷っている人への質問

質問1：「学校どうだった？」と話を聞くと、どんな答えが返ってきますか？

A：「縄跳びをした」など、したことが中心。

B：「〇〇ちゃんと遊んだ」など、人の話が中心。

質問2：洋服へのこだわりは？

A：新しいものを着たい。

B：自分のテーマがある。

質問3：文房具やバッグに対するこだわりは？

A：わりとある。

B：あまりない。

質問1の答えがA：「木」はWHAT（何）を気にするので、「何をしたか」を答える。

B：「火」はWHO（誰）を気にするので、「誰と遊んだか」を答える。

質問2の答えがA：「木」は最新のものへのこだわりが強い。

B：「火」は洋服にも独自のテーマを持っていることが多い。

質問3の答えがA：「木」は買い物好きのため、持っているものが多い。

B：「火」は持ち物に対するこだわりはあまりない。

》「火」か「土」（ADの組み合わせ）で迷っている人への質問

質問1：クラスの中で、「誰かやってみたい人？」と先生が言った時、どうしますか？

A：手を挙げて立候補。
B：手は挙げない。

質問2：お子さんの性格はどちらに近いですか？

A：中心となるリーダータイプ。
B：人についていく、フォロワータイプ。

質問3：新しいことへのチャレンジに対する意欲は？

A：なかなかチャレンジできない。

B：とりあえずやってみる。

質問1の答えがA：「火」は人前で目立つことが好き。
　　　　　　　B：「土」は目立つことが苦手。
質問2の答えがA：「火」は人をまとめるのが得意。
　　　　　　　B：「土」は縁の下の力持ちの役割を好む。
質問3の答えがA：「土」は失敗を恐れてひるんでしまう。
　　　　　　　B：「火」は考えるより先に体が動く。

》「水」もしくは「金」（BCの組み合わせ）で迷っている人への質問

質問1：お子さんの口癖で多いのはどっち？

A：「なぜ？」「なんで？」

B：「どうやって？」「どんなふうに？」

質問2：お子さんの性質を表すと、どちらが近い？

A：冷静沈着。頑固。

B：マイペース。自己中心。

質問3：お子さんが好きなことに熱中しているときの行動パターンは？

A：自分がしたことに対してのフィードバックを求める。

B：気に入ったパターンを繰り返しする。

質問1の答えがA：「水」は本質的なことが気になるので、WHY「なぜ」という質問が多い。

B：「金」は方法が気になるので、HOW「どうやって」と聞いてくる。

質問2の答えがA：「金」は硬い金属の特徴があり、冷静で頑固。

B：「水」は周りを気にしない自己中心的なところがある。

質問3の答えがA：「水」は親や先生へのフィードバック要求が大きい。

B：「金」は同じことを繰り返したり、同じものを繰り返し使ったりする傾向がある。

》「土」か「金」（BDの組み合わせ）で迷っている人への質問

質問1：あなたが髪を切ってきました。お子さんは？

A：「髪の毛切ったね」と気づいてくれる。

B：気づかない。

質問2：お友だちが皆、外で遊んでいます。お子さんはその時どうしていますか？

A：みんなと遊んでいる。

B：教室で一人で好きなことをしている。

質問3：お子さんの持つ雰囲気はどちらに近い？

A：クール。冷静。個人主義。

B：温和。おとなしい。集団主義。

質問1の答えがA：「土」は人に対する観察眼に長けている。
B：「金」は人に興味がない。
質問2の答えがA：「土」はみんなといるのが好き。
B：「金」は一人でいるのが好き。
質問3の答えがA：「金」は自分の世界があり、人への興味が薄い。
B：「土」は周りをよく見ている。皆を受け入れる優しさがある。

同じエレメントでも、隣のエレメントに近いというお子さんもいます（86ページ参照）。その場合は、隣のエレメントも参考にするとよいでしょう。
これで、ご自身とお子さんのエレメントを割り出すことができました。次章では、エレメント別のお子さんのタイプを示し、お子さんへのほめ方、叱り方を含めた声かけの仕方をお伝えします。

4

タイプに沿った声かけで、子どもはぐんぐん伸びる

エレメント別：子どもの特徴

親御さんの中には、お子さんとの強い一体感を感じている方がいます。「自分と一緒で当たり前」という前提で、お子さんをつい見てしまうというのです。しかし、親と子は別の人間。そして親子のエレメントは異なる場合がほとんどですから、その性質も、響く言葉も、好きなことも、違うのが当たり前なのです。そしてエレメントが持つ性質は、一生を通じて変わることはありません。

2章、3章で判断したエレメントのお子さんの特徴を、ここで改めて見ていきましょう。お子さんにはどんな特徴があるのか、どんな才能なのか。親が思い込んでいたのとは違った側面が、エレメントに沿って見ると出てくるものです。もちろんこれらの特徴は、2章で見たそれぞれのエレメントの特徴に通じています。

お子さん自身は、普段の生活で精一杯。自分にどんな才能があり、どのように伸ばせば良いのかという考えは持ち合わせてはいません。それがわかってくるのは、ようやく中学生になったくらいから。それまでは、その芽を潰さないように、親が気を配っていかなければならないのです。

木のエレメントの子ども

木

興味の対象がコロコロ変わる。たくさんの種類のおもちゃで遊ぶが、それぞれ集中して遊んでいる。「今この瞬間」を生きている。友だちは広く浅く。アドリブ、ぶっつけ本番に強い。何かの代表になることも多い。新しい洋服を着るのが好き。物は出しっぱなしで、片付けが下手。WHATで考える。エネルギー量は高く、スピードも早い。口癖は「今やる」。大切にしているのは「使命感」。

「木のエレメントの子」が片付け下手なのは、遊んでいるうちに興味の対象が次から次に変わってしまうからです。あれも、これもと広げてしまうのですね。「どれで遊んでいるの？」と聞くと、「全部」と答えたりします。しかし、その瞬間は集中して、そこにあるおもちゃで遊んでいるのです。「今に集中できる」のは木のエレメントの子の特徴です。

「学校どうだった？」と尋ねると「ドッジボールをした」「おにごっこをした」など「何をしたか」を答えます。これは木のエレメントの子が常にＷＨＡＴを気にしているからです。困ったことがある時も「何に困っているのか」という話をします。

人の前に立ったり、大人数を相手にすることも得意なので、クラス代表や学年代表になることもあります。アドリブも効くタイプなので、人に先立って発表するなどもこなせるタイプです。大勢の中でも萎縮せずにやっていけるので、チームでする習い事や、大人数の塾の中でもやっていくことができます。ただ、飽きるのが早いので、最初に見つけた習い事や塾が続かないこともあります。

基本的にポジティブ思考の持ち主で、うまくいくようにしたい、ほめられたいと考えています。ほめ言葉が響くタイプです。

期間限定品や流行に弱く、新しいものを欲しがるのも木のエレメントの子の特徴です。お小遣いを使い切ってしまったり、同じものを持っているのに、新作を欲しがったりします。

「使命」を感じることに能力を発揮する、大勢の上に立つ素質をもった子です。

火のエレメントの子ども

火

人に対して興味があるのが「火のエレメントの子」。何をして遊ぶかよりも、誰と遊ぶかが大事。仲間を大切にし、そのリーダー格であることも多い。友だちは広く深く。ノリが良く、人前に出ることを厭わない。洋服には独自のこだわりがある。考えるより先に、行動するタイプ。WHOで考える。エネルギー量は非常に高く、集団の中で先頭を切る。口癖は「とりあえず」。大切にしているのは「共感」。

「火のエレメントの子」を一言で表すと、「人が好き」ということ。興味は常に人に向かっています。「学校どうだった?」と尋ねると「〇〇くんとドッジボールをした」「〇〇先生に怒られた」など、会話の中に人が登場します。常に人を軸に考えているからです。トラブルの話も、「〇〇ちゃんが悪口を言う」といったように、人を中心として説明します。背景的なことは、あまり覚えていません。

ノリがよく、リーダー的な存在のため、先生からまず最初に当てられたりします。例えば「自己紹介」など、一番に当てても大丈夫なタイプです。自分からのアウトプットも得意です。人から注目を浴びることも大好きです。

習い事や塾は、友だちがいるから、という理由で選ぶため、本当にその習い事でいいのか、塾でいいのかの見極めが必要です。

基本的にポジティブ思考の持ち主です。「みんなで何かを成し遂げたい」という気持ちが強く、運動会や学園祭のリーダーを任せると、非常に大きな熱量で皆を引っ張ります。

物にはそれほど興味はありませんが、仲良しの子が持っていると欲しくなったりします。洋服に独自のこだわりを持っていることもあります。火のエレメントの子の中に「どんぐり柄の服しか着ない」と言って「探すのが大変！」と親御さんを困らせていた子もいました。

熱いエネルギーを持ち、明るく楽しくみんなと頑張るのが火のエレメントの子は、皆と共感できることを大切にしています。

土のエレメントの子ども

土

与えられた中で何かをするのを好む。受け身の姿勢が基本で、自己主張はしない。同じおもちゃでずっと遊んでいる。誰をも受け入れる寛容さがあるが、深く付き合うのは限られた友人だけ。入念な準備をして本番に臨む。派手な洋服は避け、人前で浮かないものを選ぶ。WHENやWHEREで考える。エネルギー量は低く、ゆっくり物事を進める。口癖は「わかった」。大切にしているのは「責任感」。

大人しくて育てやすいと言われるのが「土のエレメントの子」です。自己主張をしない土のエレメントの子は「大勢の中の一人」であることを心地よく感じるため、衝突も少ないのが特徴です。大声を出したり、大笑いをしたりということは、あまりありません。

「人の役に立ちたい」という気持ちが強く、そのために備えているのが土のエレメントの子。予備のものを持っていたり、物を集めていることもあるので、「〜貸して」と誰かが言うと、さっと貸してくれたりします。「優しい」と言われることも多いでしょう。

「学校どうだった?」と尋ねると「ドッジボールと、おにごっこと、縄跳びと……」としたことを羅列する傾向があります。「選ぶ」ことが苦手なため「その日の一番」の出来事の抽出に時間がかかるからです。

WHEN「いつ」、WHERE「どこで」を気にしているのは、物事をきっちり準備しておきたいから。「失敗を避けたい」という気持ちが強いのも特徴です。失敗を恐れるため、人前に立つことや、大人数を相手にすることは苦手です。

習い事や塾は、少人数のものが向いています。細く長く続けることができます。細部へのこだわりがありスキルの向上に熱心です。初めてのことは苦手ですが、二度目以降にうまくいく確率が格段にアップします。威圧的な指導者は苦手です。

責任感が強く、頼まれた仕事は面倒なことでもきっちり仕上げるため、頼りになります。ルーティン作業も厭わずこなします。

金のエレメントの子ども

金

自分の世界が確立している。おもちゃの種類はたくさんいらない。ずっと使っている愛着のあるものを好む。一人で遊ぶのが好き。シンプルな洋服を選び、数はいらない。自分の中に基準があり、それを満たすために努力できる。無駄なことが許せない。論理的であり、数字での説明を好む。HOWで考える。エネルギー量は低く、じっくり物事を進める。口癖は「念のため」。大切にしているのは「正義感」。

「金のエレメントの子」がHOW「どうやって」で考えるのは、無駄なことが嫌いだからです。どうやったら効率的に物事を進められるかを、常に考えて行動しています。「念のため」「確認」といった言葉がよく口から出てくるのはそのためです。

自分がずっと使っているものに愛着があり、大切にします。そのため、自分のおもちゃを人に貸すのは苦手です。「古いから」といって捨てようものなら烈火のごとく怒り出します。捨てる場合は同じものを用意してからにしましょう。洋服も機能的なものを好みます。華美なものは無駄と判断します。

自分の世界が確立しているので、人に合わせて遊ぶことはありません。「学校どうだった?」と聞くと「みんなは縄跳びをしていたけど、私は本を読んでいた」などと言います。一人でいることが苦にならないどころか、その方が心地いいのです。

金のエレメントの子は信頼している人にしか心を開かないので、合う先生と合わない先生がはっきりします。自分が認めた先生（感情に走らず、論理的に説明をしてくれる大人）からの助言は素直に聞き、一生懸命頑張ります。しかし、そうでない先生からの言葉には全く耳を傾けません。取り繕うこともしないため、合わない先生との確執が生まれることもあります。塾やお稽古事では、先生選びが重要です。失敗したくない気持ちが強いので、スキルが上がってから、モチベーションが上がるタイプです。

常に様々なことをジャッジしている金のエレメントの子が大切にしているのは、正義感。そのため「許せない」という言葉が出てくることも多いのが特徴です。

水のエレメントの子ども

水

自分独自の世界に没頭している。おもちゃも気に入ったものにだけ固執する。マイペースで、人の評価は気にしない。友だちは広く浅く。アドリブ、ぶっつけ本番もOK。洋服はテーマを大事にする。自分の内側にエンジンを持つが、「それをする理由」がはっきりしないと動かない。WHYで考える。エネルギー量は高く、スピードも早い。口癖は「なんで」。大切にしているのは「達成感」。

「水のエレメントの子」は自分独自の世界観があり、マイペース。他人の評価は気にならず、自分が満足すればそれでOKというところがあります。物事に没頭し、周りの声が耳に入らないことも。あまのじゃくなところもあります。「なぜなぜ期」が終わっても、ずっと「なんで?」と質問しているのは、このタイプの子です。

学校でも、友だちと遊んでも遊ばなくてもどちらでもよく、自分のこだわりを通していています。評価は気にしないのですが、フィードバック要求は強く、自分の作った作品や新たにできたことを親に見てもらおうとします。これは自分が「達成した」後に、次のアクションにつなげるためです。

明確な理由がないと、物事をする気になれないため、人の前に立つには理由づけが必要です。一度自分で納得すれば、そこでスイッチが入り、大勢を動かしたり、困難な仕事を中心となってやり遂げたりします。何事にも理由が必要なのです。

基本的にポジティブ思考の持ち主です。不具合をうまく調整して、成功に導いたり、完成度を高めたりすることができます。

習い事も、本流の人や第一人者が先生だと、目的を達成しやすいと考え、やる気になります。指導者選びはとても重要です。チームプレーは得意で、プレーの中で全体を把握することも得意です。モチベーションが上がると、スキルも上がるタイプです。

WHYで考えるため、「なぜ?」「どうして?」という質問をよくします。大切にしているのは、自分の中の「達成感」です。

エレメント別：ほめ方・叱り方

私が子どもへの声かけの仕方を重視しているのには、訳があります。同じほめる、励ますにしても、エレメントごとに響く言葉は違います。叱るに関していえば、叱ってはいけないエレメントの子どもというのもいます。エレメント別の子どもの特徴を知ることで、子どもの自己肯定感を育みながら能力を伸ばすための適切な声かけをすることができるようになります。また、間違った叱り方をして、子どものやる気を損なったり、尊厳を傷つけたりといったことを避けることもできます。

周囲を見ていると、その子にあったほめ方、叱り方をしていないために、せっかくの伸びる芽を潰したり、子どもの自己肯定感を大きく下げたりしている親御さんがいます。例えば、水のエレメントの子に木のエレメントの子のようなほめ方をすると、逆にやる気を失わせてしまいます。ほめ方、叱り方は一様ではなく、その子に合ったものでなくてはなりません。

木のエレメントの子のほめ方・叱り方

木のエレメントの子をほめるにはまず、「何をしているか」を聞きます。WHATを大事にする子だからです。未来思考なので、次のハードルを設定するとやる気を出します。二重跳びが三回できたのなら、「三回できたなら、四回もすぐだね」のような励まし方が響きます。スピードに価値を置いているので、「そんなに跳べる子、クラスにいる?」などのように、人よりも早くできたことに言及するとよいでしょう。

未来志向なので、過去のことを言っても響きません。失敗は「流す」くらいがぴったりです。二重跳びが失敗したら「他の跳び方ならできるんじゃない?」と、横に展開していきます。「どうやったらできるようになる?」のような、HOWの聞き方はNG。思考が外に向いている木のエレメントの子に、内省をさせるような問いかけをすると、思考が停止してしまいます。

火のエレメントの子のほめ方・叱り方

火のエレメントの子に必要なのは「共感」です。評価はいりません。成功した時の気持ちがどうだったかを聞き出し、「お母さん（お父さん）もうれしい」で締めくくります。

例えば二重跳びができた時には、「どんなところにコツがあった？ そうか、それはいい気づきだったね。○○ちゃんができるようになって、お母さんもうれしいな」という感じです。

叱るときも同じスタンス。「○○ちゃんがそんなことするなんて、お母さん（お父さん）は悲しい」が響きます。お友だちとのトラブルでも、相手の感情を考えさせるとよいでしょう。「○○ちゃんが同じことされたら、どんな気持ちになる？」というように、感情を中心に話を進めると、素直に聞き入れることができるのが火のエレメントの子です。

土のエレメントの子のほめ方・叱り方

土のエレメントの子は「安心・安全」を求めるので、「うまくいっているよ」「失敗していないよ」という形でほめるのが基本です。また、土のエレメントの子は人の役に立ちたいという気持ちが強いので、「誰かのためになっている」ということを言ってあげると喜びます。「あなたが二重跳びの練習を頑張ってできるようになったって知って、○○ちゃんも練習始めたんだって」というようなほめ方です。

叱るのはできるだけ避けた方がいいでしょう。響かないどころか、根に持ったり、いじけたりしてしまいます。本人は親が言わなくても、「自分はできていない」「自分が悪い」と必要以上に考えているので、叱らずに承認してあげることが大切です。「よく頑張ってるね」「わかっているよ」など、すでに反省していることを前提に話す必要があります。

金のエレメントの子のほめ方・叱り方

金のエレメントの子は誰にほめてもらいたいかがはっきりしています。ご自身がその対象でなければ、尊敬の対象を探しておく必要があります。そして「〇〇先生がほめてたよ」というように伝えます。「人づてに聞く」ことを喜ぶ傾向があるので、「二重跳びできるようになったって聞いたよ」など、間接的なほめ方も効果があります。また、いつか耳に入ることを願って(笑)、お子さんがいないところでほめておくのもいいでしょう。評判を気にする子ならではのほめ方です。

叱るときは、本人の持っている基準に訴えかけます。基本的なスタンダードが高く、九五点でもヘコむタイプなので、あまり叱る必要はありません。HOWを大切にする子ですから、「どうすればいいと思う?」「どうすればよかったのかな?」のように、改善の方法を聞くのはOKです。はっぱをかけたいときには、「そんなもんじゃないでしょ」と言えば、本人のプライドを刺激することができます。

水のエレメントの子のほめ方・叱り方

水のエレメントの子は自己満足が大切で、人からほめられてどうこう、ということはありません。ほめすぎるとあまのじゃくになるので、親は具体的なフィードバックを与えるというスタンスで。例えば二重跳びでは「どんな風に跳んだらできたの?」と過程を聞き、「腕をもう少し速く回すといいかもね」など、改善につながるフィードバックをします。三回跳べた子に「もうすぐ四回跳べそうだね」と木のエレメントの子のようなほめ方をすると、達成感が先送りされ、やる気をなくします。

叱り方が難しいのが水のエレメントの子です。ひどく叱ると刺さりすぎて大きなダメージとなります。弁の立つ子が多く、理由を述べ立て親に反論もします。ですから「軌道修正をする」くらいが適切。「そうする目的は何?」と子どもの目的意識に訴え、改善点を話します。過去は振り返らないタイプなので、「これからどうするか」をメインに話をするとうまくいきます。

エレメント別：習い事（チームプレーか個人プレーか）

習い事選びも、親御さんが悩むことの一つです。

お金も時間も送り迎えなどの労力もかけるわけですから、できればその子の能力が開花するようなものを選びたいですよね。これまでの話の中でも、習い事に少し触れてはきましたが、ここで改めてまとめておきましょう。

左ページの図は、エレメントを上下左右で分けたものです。1、2、3、4のカテゴリーで、合う習い事は変わります。土のエレメントの子は左右に、火のエレメントの子と金のエレメントの子は上下に分かれます。同じ土でも「土だけれども、火に近い子」なのか、「土だけれども、金に近い子」なのかなど、確認してから読み進めてください。


図にあるように、上下、左右の二つの軸で習い事を判断していきます。

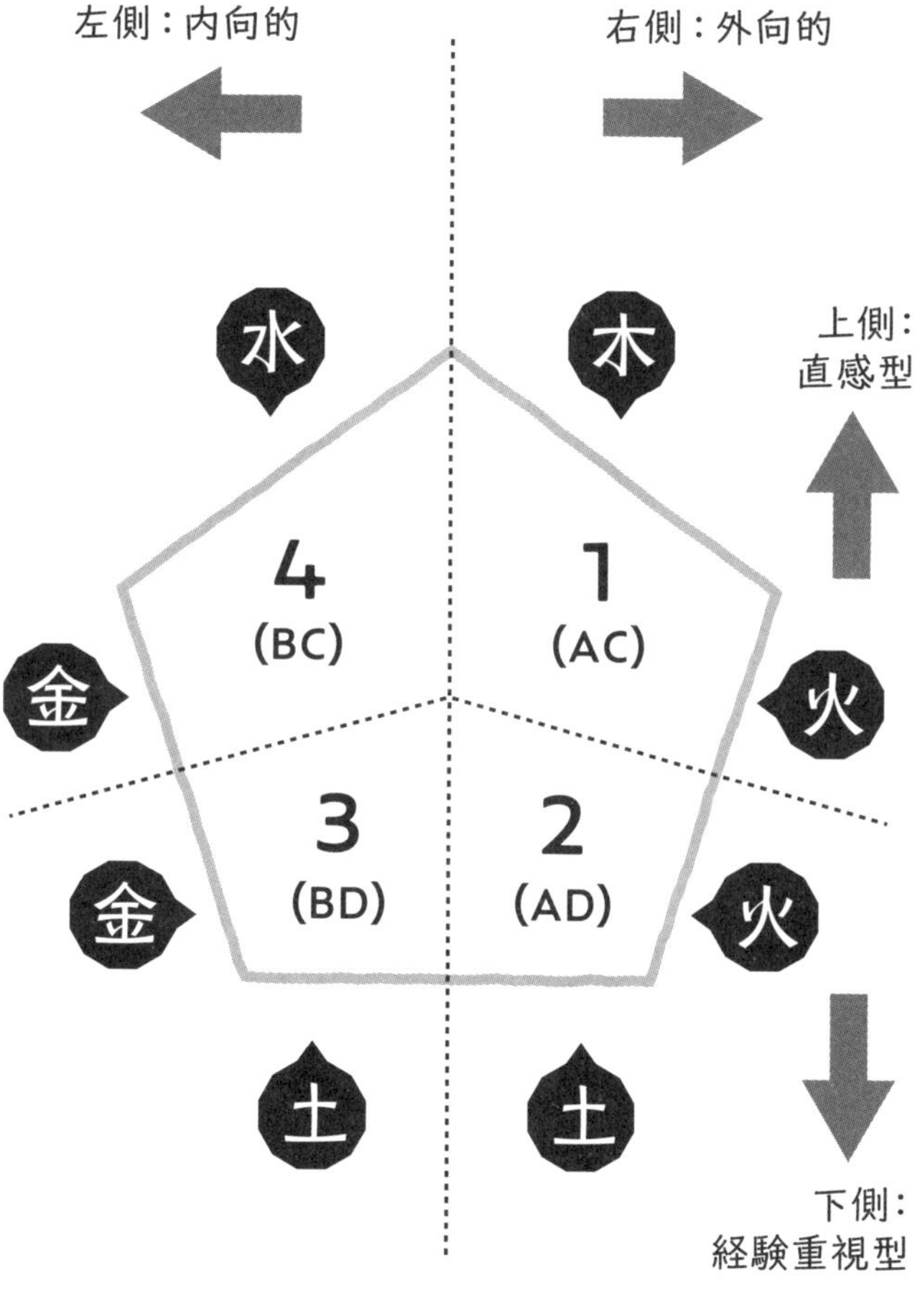
左側：内向的
右側：外向的
上側：
直感型
水
木
4
(BC)
1
(AC)
金
火
3
(BD)
2
(AD)
金
火
土
土
下側：
経験重視型

上の子（1と4）は、チームプレーが得意です。大人数でも対応できます。視座が高く、全体を見渡す力があるからです。ぶっつけ本番でもやれる能力があります。ただ、飽きっぽい面があるため、習い事が続かないというリスクがあります。主体性があるため、習い事も多くを経験させた中から、自分で選ばせるとうまくいきます。

下の子（2と3）は、個人プレーです。少人数で力を発揮します。しっかり準備してから本番に臨むタイプです。細部について緻密に把握しているので、個人スキルの向上に熱心です。細く長くやり続ける力があります。受容型の子ですから、習い事も親が選択肢をある程度絞って、「どっちが好き？」というように聞くと選ぶことができます。

右の子（1と2）は、上手くなりたい、ほめられたい、というポジティブ思考の持ち主。モチベーションが上がってから、スキルが上がります。ですから、「やる気」が何よりも大切。嫌がっている習い事をどんなに長く続けても、上手くはなりません。

左の子（3と4）は、失敗したくない、叱られたくない、というネガティブ思考の持ち主。スキルが上がってから、モチベーションが上がるタイプです。

これは習い事だけでなく、塾選びにも応用できます。上の子（1と4）は、集団塾での切磋琢磨に向いています。一方、下の子（2と3）は、個人塾、家庭教師の方が学力が伸びてきます。

また、これらの上下左右の判定に加えて、それぞれのエレメントが持つ習い事に関する好みや傾向は以下の通りです。

木のエレメントの子：最新の習い事、特別なものに興味をひかれる。
火のエレメントの子：誰と一緒に通うかが大切。
土のエレメントの子：ルーティンで繰り返す習い事が合う。威圧的な指導者はNG。
金のエレメントの子：少人数のもの。信頼できる指導者がいること。
水のエレメントの子：本流、著名な指導者につくこと。

5

自分を軸とした子どもの エレメント別の関わり方

関わり方の基本

親にも子にもそれぞれエレメントがあり、その組み合わせによってコミュニケーションの質はかなり変動します。相性がいい組み合わせと、悪い組み合わせがあるわけです。相性が悪い、ということがわかっていれば、コミュニケーションの方法を変えることで、回避することができます。

相性がいいのは、54ページでお話しした「相生」です。右回りの方向（順行）に働きかけていけば、上手くいく関係です。木のエレメントの親が火のエレメントの子どもに働きかける場合は、細かいことを気にしなくても大丈夫です。しかし、隣り合っていても、左回りではうまくいきません（逆行）。木のエレメントの親から水のエレメントの子への働きかけは、うまくいきません。相手の働きかけを待つ必要があります。また、同じエレメント同士の「比和」では、関係がいい時には、その良さは何倍にもなりますが、悪くなると大きくマイナスに転じます。

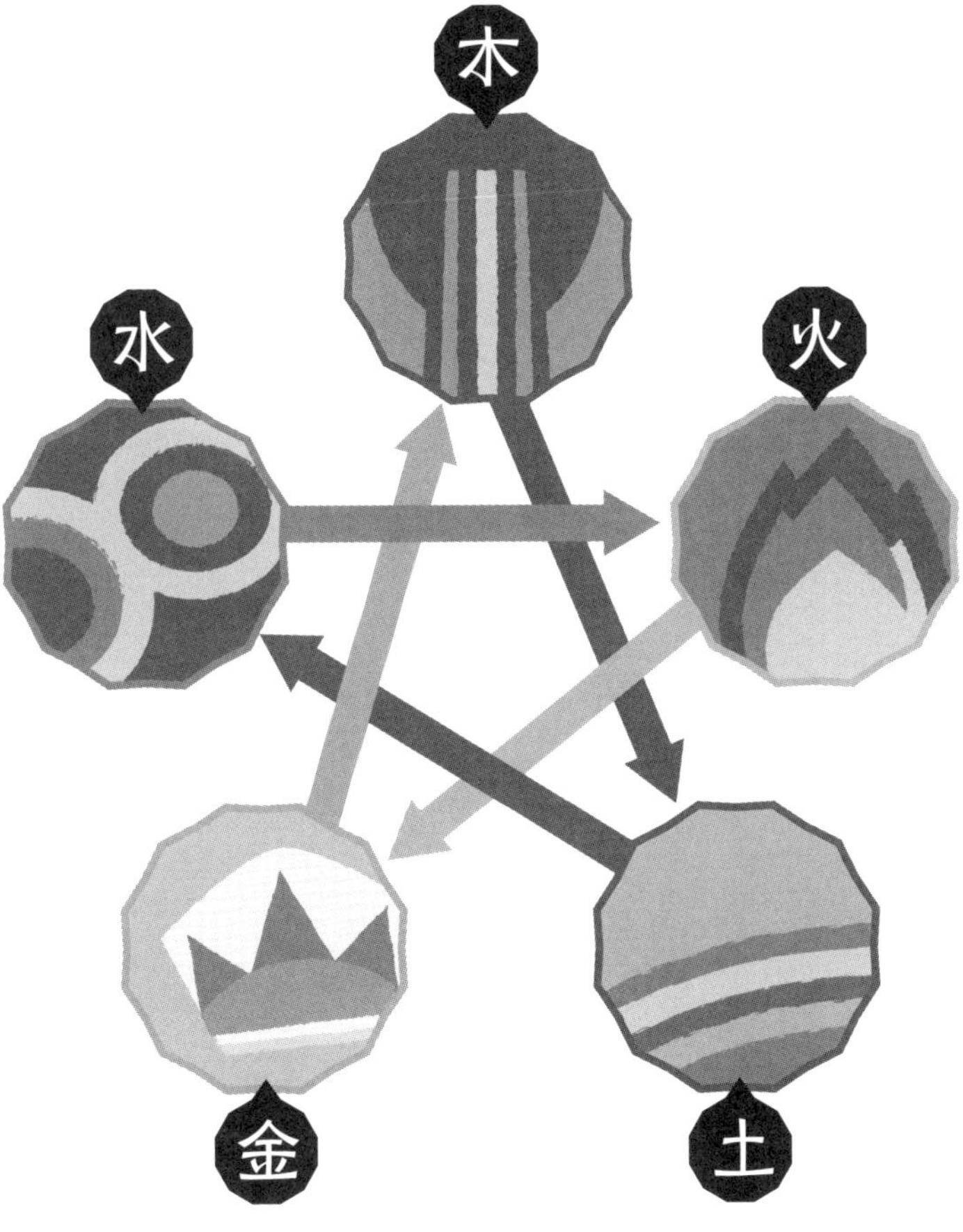

相剋の関係。例えば、木のエレメントの人は
土のエレメントの人を押さえつけてしまう

一口に「相性が悪い」といっても、大きく分けると二種類あります。もう一度「相剋」の図を見てみましょう（前ページ）。読者である親のみなさんを中心として考えます。親が強く、子どもを押さえつけて良さを殺してしまう関係が一つ（親∨子ども）。もう一つは、子どもが強く、親をやり込めてしまう場合です（親∧子ども）。

「親∨子ども」の場合に注意しなくてはならないのが、お子さんが命令の対象になってしまうことです。自分の言いたいことを言っていると、親の力が強いために、全て命令と取られてしまいます。また、この関係の時には特に、お子さんのエレメントが持っている才能を理解できない、ということが起こります。そのため「うちの子には才能がない」「なかなか芽が出ない」と、親はイライラしたりしてしまうわけです。例えば仲間といることが大好きな火のエレメントの親が、金のエレメントの子にチームプレーの競技を習わせても、金のエレメントの子はなかなか上達しません。それを見て「練習が足りない！」といって発破をかけても仕方ないのです。

このように疲弊している金のエレメントの子は、じつはたくさんいます。

「親∨子ども」の場合のコミュニケーションの基本は、相手の求めている情報を先に渡してあげることです。それにはこれまでお話しした、ＷＨＡＴ、ＷＨＯ、ＷＨ

EN・WHERE、HOW、WHYを使います。

例えば遠足の日の朝。はしゃいでしまい、荷物の準備ができません。そんな時に「ほら、早くして！」と言っても意味はありません。それぞれ次のような声かけで、「早く準備して遠足に行かなくちゃ」という気持ちになることができます。

WHATが気になる**木**のエレメントの子：「今日は何するんだっけ？」「最初の活動は何？」

WHOが気になる**火**のエレメントの子：「○○ちゃん、待ってるよ」

WHEN・WHEREが気になる**土**のエレメントの子：「集合時間は何時だっけ？」

HOWが気になる**金**のエレメントの子：「最初に使うものは、リュックの上に入ってる？」

WHYが気になる**水**のエレメントの子：「急がなきゃいけないのは（なぜなら）、間に合わなくなるからだよ」

次に、トラブルが起きやすい「相剋」におけるコミュニケーションの注意点を、親のエレメントを軸として見ていきます。

木のエレメントの親から見た場合

木のエレメントの親 ∨ 土のエレメントの子

木のエレメントの親に対してストレスを抱えている土のエレメントの子を、多く見かけます。

土のエレメントは、受容が基本ですから、言われたこと全てをまず受け入れようとします。木のエレメントの親が思いつきで投げてくる球を、全て受け取らなきゃと頑張っているのが土のエレメントの子です。木のエレメントの親は、コロコロ気が変わりますから、これは本当にきつい。「これやろう！」といったすぐ後に「やっぱりこっちにしよう‼」なんてしょっちゅう。土のエレメントの子は「ママ、さっきこっちやろうって言ったばかりじゃん……」と思っているのですが、それを口に出して言うことができません。それも土のエレメントの子の辛いところです。完全に親に翻弄されて、文句も言えない。それでストレスをためていきます。

ＰＴＡに出てくる親御さんは、木のエレメントのママがわりと多いのですが、その中には「子どもがおとなしいから心配で」という方もいます。「親が学校に顔を出せば、子どもも安心してくれるから」というお気持ちはわかるのですが、土のエレメントの子の中にはそれをかえって圧力に感じる子がいます。もしＰＴＡ役員など、学校に頻繁に顔を出す役職を引き受けるか考えている時には、お子さんに尋ねたほうがいいでしょう。その際、「どうしたらいい?」といった聞き方はしないでください。土のエレメントの子はオープンクエスチョンが苦手ですから、「ママが学校にたくさん行くようになっても、いい?　行かない方がいい?」と、「ＡかＢか?」という聞き方をすると、答えてくれます。土のエレメントの子への質問は、「二択の選択」を基本としてください。

木のエレメントの親に知っておいていただきたいことは、土のエレメントの子はＳＯＳを出せない、ということです。親の言うことは、なんでも受容しようと必死に頑張ります。それが自分に向いていないとしても、です。そうして、疲弊してしまうことを避けるためには、親が子どものペースを知ることです。土のエレメントの子は、そのペースが守れた時に能力を発揮します。親が新しいことを次々なげかけていては、せっかくの良さを伸ばす機会を失ってしまうのです。

木のエレメントの親から見た場合

木のエレメントの親 へ 金のエレメントの子

木のエレメントの親の思いつきを、「なんでそんなことしなきゃいけないの？」「それ無駄だと思う」と、バサバサ切っていくのが、金のエレメントの子です。木のエレメントの親は、いろいろなことを思いつきます。そしてすぐにそれを子どもに投げてみるのですが、金のエレメントの子に対してはうまくいきません。金のエレメントの子は自分のペースを頑なに守りますから、親は拒絶されて空回りしてしまうのです。

木のエレメントの親は、子どもに新しい体験をさせたい、外へ連れ出したい、と思っているのですが、金のエレメントの子は一人でいたいと考えています。ですから、その提案を鬱陶しく感じるのです。そんな金のエレメントの子にたいして、木のエレメントの親は「可愛げがない」と感じてしまいます。

木のエレメントの親と金のエレメントの子の確執が強くなると、最低限の関わりになってきます。金のエレメントの子は親に「報告」しかしなくなります。相談ではありません。ただの報告です。そのような関係になってしまい、ストレスをためている木のママは多いものです。

木のエレメントを持つ親御さんへのアドバイスは、「感情的に話をしない」ということです。金のエレメントの子は感情は受け取りたくありません。事実だけを受け取りたい。そちらの方が金のエレメントの子にとっては楽なのです。ですから、提案の前には、論理的に説明することを心がけてください。また、新しいことへの対応が、木のエレメントほど得意ではないので、練習する時間を設けると良いでしょう。トップバッターは向きません。長男だから、長女だからと、他の兄弟より先にさせるのではなく、金のエレメントの子の順番を後にしておくと、準備ができるため、安心して取り組むことができます。

》木のエレメントの親へのアドバイス

木のエレメントの親＞土のエレメントの子：先に与える情報はWHEN・WHERE「いつ・どこで」。土のエレメントの子のペースを乱さない。質問は「二択の選択」が基本。

木のエレメントの親＜金のエレメントの子：感情的に話をしない。論理的説明を心がける。準備期間を設けるようにする。

火のエレメントの親から見た場合
火のエレメントの親 ∨ 金のエレメントの子

火が金を溶かしてしまうように、火のエレメントの親は金のエレメントの子の良さを溶かしてしまいます。

仲間とワイワイしていたい火のエレメントの親にとって、一人でいることが好きな金のエレメントの子が心配でなりません。いつも一人でプラモデルを作っている。お友だちが遊びに来ることもない。「この子はコミュニケーション能力が低いのではないか」と心配になり、人がたくさん集まる場に連れ出したり、サッカーなどのチームスポーツをさせたりします。しかし、金のエレメントの子からすれば、どうして皆と同じことをしなければならないのかがわかりません。必要もないのに、誰かとつるんでいるのは苦痛でしかないのです。一人で自分の好きなことをしていたいのです。例えば金のエレメントの子が三人集まると、それぞれ別のことをして遊んでいます。そのくらい自分の世界があるのです。

金のエレメントの子を持つ火のエレメントの親へのアドバイスは、「心配しなくていいですよ」ということ。金のエレメントの子が一人でいるのは、その方が自分の能力を伸ばすことができると知っているからです。友だちはいないのではなく、少ないだけ。「友だち」と呼ぶための基準が高いだけで、そう呼ばないレベルの人は周りにたくさんいます（火のエレメントでは、その人たちも「友だち」とカウントするのですが）。ですから、孤立しているわけではありません。

まずは、金のエレメントの子のペースを尊重してあげましょう。地中の金が少しずつ時間をかけて成長するように、金のエレメントの子の成長は長い目で見る必要があります。また、何かを説明するときには、論理的に話すことを心がけてみましょう。数字を交えてもいいでしょう。

食べ物の好き嫌いもはっきりしています。嫌いなものは絶対に食べないのが、金のエレメントの子です。火のママが工夫して、ニンジンをすりつぶしてハンバーグに混ぜ込んでも、すぐにわかります。そういうことをされるのが、金のエレメントの子には苦痛です。自分の領域を侵されている気がしてしまうのです。

金のエレメントの子のペースを尊重し、金のエレメントの子が守っている領域を侵さなければ、じっくりと才能が花開いていきます。金のエレメントの子は一人でも大丈夫です。安心してください。

火のエレメントの親から見た場合

火のエレメントの親 ∧ 水のエレメントの子

火のエレメントの親の勢いを消してしまうのが、水のエレメントの子です。

火のエレメントの親が一生懸命に子どもを盛り立てようとしても、WHYの水のエレメントの子が「なんでそんなことをするの?」「なんでそこに行くの?」と、「なぜなぜ攻撃」をしてきます。火のエレメントの親は感覚で提案しているわけですから、理由はありません。それで説明するのが面倒くさくなって、提案自体をとりやめてしまったりします。親は常に不完全燃焼の状態におかれてしまうのです。

先日、有名なパンケーキ屋さん前を通り過ぎた時のことです。行列に並んでいる親子の会話が聞こえてきました。七歳くらいの娘さんが、「並びたくなーい。パンケーキなんて食べたくなーい」と、ママに文句を言っています。ママの方は「せっかく来たんだから食べていこうよ！」と必死です。こういうことを言うのは、水のエレメントの子が多いです。「並んでまでパンケーキを食べるのはなぜなのか」。その理由がわからないから、行列で待つことができません。

水のエレメントの子を持って、弱ってしまう火のエレメントの親御さんは、ちょっと距離をとるといいでしょう。「一緒にあれをしよう、これをしよう」と、密着しすぎないことです。何かを提案する前には、それをする理由をまず伝えること。言わなければ、かならず聞かれます。

火のエレメントの親へのアドバイス

火のエレメントの親∨金のエレメントの子：先に与える情報はＨＯＷ「どうやって」。金のエレメントの子のペースや領域を侵さない。一人でいても大丈夫。

親が不安になりすぎないことが大切。

火のエレメントの親＞水のエレメントの子：水のエレメントの子にべったりしすぎない。何かを提案する時には、まず理由を告げてから。

土のエレメントの親から見た場合

土のエレメントの親∨水のエレメントの子

土が水をせき止めてしまうように、心配性の土のエレメントの親は、水の動きを止めてしまいます。安心・安全が第一の土のエレメントの親。水のエレメントの子がいろいろなものに興味を示しても、それをストップしてしまうのです。

「ダンスを習いたい」と言えば、「勉強に響くんじゃない？」。「ピアノを習いたい」と言えば、「お稽古大変よ。ピアノも買わなきゃならないし……」。「体操を習いたい」と言えば、「怪我したら大変よ！」。特に土のママは、自分自身の安心・安全に寄せていき、子どもに新しいチャレンジをさせないようにします。本人は「良かれ」と思って言っているのですが、結果としては才能の芽を潰すことになります。

「水のエレメントの子」は第一人者が好きですから、それを求めてコンサートでも、講演会でも一人で出かけようとします。土のママはそれも不安。「一人で渋谷なんてダメ」と、外に出してくれません。ある水のお子さんが「留学したい」と言った時、ある土のエレメントのママは大変でした。まずは留学しないように説得にかかります。父親の後押しもあり留学が決まると、アメリカまで下見に行っていました。自分が想像できない場所で子どもが生活することに、耐えられないのです。

水はあらゆる方向にどんどん興味を広げていきます。土のママはそれがとても不安。土のエレメントの親に対して言えることは、「大丈夫です。落ち着いてください」ということ。「あの子はいつも危ないことばかりしている」「危ないところに行こうとする」と思われるかもしれませんが、お子さんはまさに今、新しい世界で能力を伸ばそうとしているのです。それを止めるのはやめましょう。

心配であれば、とことん調べればいいのです。留学先まで下見に行ったママのように、ご自身の安心が少しでも得られるように、調べてください。水のエレメントの子は、自己中心的なところがあるので、結局は自分の思った通りに行動します。ついていけなくて不安かもしれませんが、それが水のエレメントの子だと見守るしかないのです。

土のエレメントの親から見た場合

土のエレメントの親 ＜ 木のエレメントの子

土のエレメントの親が疲れ切ってしまうのが、木のエレメントの子の相手をしている時です。

土のエレメントにある人は、受容が基本。親であれば、子どもが投げる全ての球を一生懸命受けようとします。そこに、とめどなくすごい球を投げてくるのが、木のエレメントの子です。木のエレメントの子は新しいものが好きですし、気分もコロコロ変わります。五分後には違うことを言い、違うことを考えています。ですから、話半分で聞いておけばいいのですが、土のエレメントの親はスルーすることができません。

木のエレメントの子が「野球をしたい」と言い出したので、ある土のエレメントのママは近所にある野球教室をいくつかを下見し、体験の予約をして、一ヵ月ほどかけていくつかの野球教室を息子と一緒に回りました。「どこが良かった？」と聞くと、「うーん、やっぱサッカーかな」という返事……。土のエレメントの親がどんなに一生懸命木のエレメントの子の希望に応えようとしても、その時には木のエレメントの子の気分は変わっています。

土のエレメントの親は、木のエレメントの子の言うことをすべて受け止めないことです。「野球がしたい」と言ったら、「今は野球ブームなのね」と聞いておき、数ヵ月たって「本当に野球がしたい」と言い出してから動くようにするといいでしょう。

私が見ていて「大変そうだな」と思うのは、土のエレメントを持つママです。子どもの全てを受け止めてしまうからです。特に、水や木など、自分とは全く違うタイプの子を育てる際、あまりに自分の基準と違うため、「私の育て方が悪かった」と自分を責めがちになります。そうではありません。お子さんとはエレメントが違うだけなのです。

» 土のエレメントの親へのアドバイス

土のエレメントの親＞水のエレメントの子：先に与える情報はＷＨＹ「なぜ」。水のエレメントの子の興味をせき止めない。自分が不安なら、とことん調べる。

土のエレメントの親＜木のエレメントの子：木のエレメントの子の要求に全て応えない。子どもが自分と違うのは、育て方のせいではない。

金のエレメントの親から見た場合

金のエレメントの親 V 木のエレメントの子

木のエレメントの子は思いついたアイデアをどんどん出してきます。それは、若い木が際限なく枝を広げるようなもの。それを金のエレメントの親は強力なチェーンソーで、バッサバッサと切ってしまいます。木のエレメントの子を弱らせるのは、金のエレメントの親です。

木のエレメントの子の話を聞いていると、興味はすぐに次に移り、話題もどんどん変わります。それにつれて、新しいアイデアが次々と出てきます。金のエレメントの親はＨＯＷの人ですから、「それ、どうやってやるの？」「どうせできないよ」と、アイデアを切り落としていきます。金のエレメントの親にとっては、ぱっと出たアイデアなど明らかに「剪定対象」であることはわかります。しかし、その小さな枝が大きく育つことがあるかもしれないのです。むやみやたらと切り落としてはいけません。

六年生の木のエレメントの女の子が、「みんなと一緒に文化祭でダンスを発表したい！」と言い出しました。午後の練習だけでなく、朝練もあるといいます。金のエレメントのママは「受験とどうやって両立するの？」と言って却下。その子はダンスに参加することができませんでした。三年たった今、同じような問題で二人は対立しています。「六年生の時のダンスだって出たかったのに、ママが出させてくれなかった。今年は受験だけど、私は自分のやりたいことをする！」と、頑として聞かないそうです。金のママの方は「娘のことを思って言っているのに、許せない！」と。二人の溝は埋まりそうにありません。

金のエレメントの親へのアドバイスは、木のエレメントの子は自分とは違う、ということを知ることです。金のエレメントの親が常に足元を見るのとは違って、木のエレメントの子はもっと前、未来を見ています。目先の受験よりも、もっと違ったものが、木のエレメントの子には見えているのです。木のエレメントの子のやる気やアイデアを尊重し、その中でいいものを見つけたら、「どうやって実現するか」というHOWのアイデアを出してあげる。例えば「受験とどうやって両立するか」のように。そんなふうに関わることができたら、二人の関係もうまくいきます。

金のエレメントの親から見た場合

金のエレメントの親 ∧ 火のエレメントの子

金のエレメントの親のペースを完全に崩すのが、火のエレメントの子です。火のエレメントの子が話していることの中に、金のエレメントの親の知りたい情報は含まれていません。面談で「お子さんは学校のことを家で話しますか?」と聞かれた際、「話すけれど、学校で何がおきているのかは全然わかりません」というのは、火のエレメントの子を持つ金のエレメントのママです。子どもは「○○ちゃんがこうした」など、人の話ばかりしているので、親が知りたい情報が全くないからです。

金のエレメントの親は、一定のパターンができたら、うまくいっていることは繰り返したいのですが、火のエレメントの子はそれをさせてくれません。三年間習っている水泳を突然「やめる」と言い出した、二年生の火のエレメントの男の子。理由を聞くと、「○○くんがやめたから」と。金のエレメントの親はこれが全く理解できません。しかし、火のエレメントの子にとっては、友だちが最優先。また、友だちと一緒にできる習い事を探し出します。

新しいことを始めると、手続きやら何やら、新たな手間がかかります。子どもが小さい頃は習い事にも送り迎えが必要ですから、予定も組み直す必要があります。金のエレメントの親は、こういった一切の新しい手続きを「無駄」と感じ、イライラします。子どもの習い事に付き添ってきていても、待っている間子どもの様子を見ないで本を読んでいるのは、金のエレメントの親が多いはずです。自分の時間が奪われている、と感じてしまうからです。

金のエレメントの親へのアドバイスは、子どもはコントロールできない、と知ること。また、この組み合わせの親子では、とめどなくおしゃべりをする子どものことを、「うちの子は落ち着きがない」「頭が悪いのではないか」と考え、承認していないことが多くあります。そうではありません。エレメントが違うだけなのです。

金のエレメントの親へのアドバイス

金のエレメントの親＞木のエレメントの子：先に与える情報はＷＨＡＴ「何」。木のエレメントの子のアイデアを否定しない。

金のエレメントの親＜火のエレメントの子：火のエレメントの子のことを承認する。子どもはコントロールできない、ということを知る。

水のエレメントの親から見た場合

水のエレメントの親 ∨ 火のエレメントの子

火のエレメントの子のやる気を損なうのが、水のエレメントの親です。燃え盛る火に、水をバシャバシャかけていきます。火のエレメントの子は感覚で物事をスタートします。その時の気分が大切。楽観的で、考えるより先に体が動くタイプです。WHYの水のエレメントの親からすれば、「それをする意味がわからない」となります。「なぜそれをするの？」「なんで今なの？」と理詰めで問い詰めて、火のエレメントの子をシュンとさせてしまいます。「今それをする必要があるか」は、親が決めることではありません。ですから、その「やりたい」という気持ちを尊重してください。一度消えた火は、再燃するのが難しくなります。

中高一貫校に通う、火のエレメントを持つ娘さんの「やる気の火」をまさに消そうとしていた水のエレメントのママがいました。その子はなんでもやりたがり。ダンス、水泳、英語に加えて、中学三年生からは空手をスタート。それに加えて今度は「学校の合唱部に入る」と言い出したのです。理由を聞くと、「だって、仲良しの友だちがみんな入るから」。平日の朝と放課後、そして土曜日も練習がある合唱部に入れば、今まで以上に忙しくなることは目に見えています。水のエレメントのママは「合唱部に入るなら、他の習い事をやめなさい」と伝えたのですが、娘さんは「全部やる！」と言って聞かない、と私のところに相談に来ました。

水は「極める」職人気質ですから、そんなにたくさん掛け持ちしていたのでは、「どれも極められない」と心配してしまうのです。しかし、火のエレメントの子の才能は「多様性」です。一個だけだと、退屈して安定しない。たくさんの軸を持つことで、安定します。確かに、ダンスや空手で日本一にはなれないかもしれません。しかし、ダンスが伸びれば、空手も、合唱も伸びていく、というように能力を伸ばしていきます。また、火のエレメントの子はたくさんのコミュニティを持ちます。人疲れすることはありませんし、行き先のあちこちで違う栄養をもらってきます。

水のエレメントの親は、火のエレメントの子がしたいということを、できる限りさせてあげましょう。親にとっては手間ですが、たくさんの軸とコミュニティの中で、その才能は開花されます。

水のエレメントの親から見た場合
水のエレメントの親 へ 土のエレメントの子

水のエレメントの親は土のエレメントの子にペースを崩されてしまいます。

水のエレメントを持つ人というのは、臨機応変に行動します。ちょっと時間が空いたから、これをしよう。予定がキャンセルになったから、別の場所へ行こう。そんな風に、状況に合わせて予定を変えることはよくあります。しかし、土のエレメントの子はそうではありません。土のエレメントの子にはその子のルーティンがあり、約束や予定、時間などをきっちり守り、決めたことを着実にこなしたいと考えています。

先日、中学二年生の息子さんを連れてランチをする予定だった水のエレメントのママから、突然キャンセルの連絡がありました。訳を聞くと次のような話でした。『ランチに行くよ』と息子に言ったら、『僕、そんなこと聞いてない。今日はこれからお友だちと家で遊ぶ約束をしているから、行かない』って言われて……」。私は「ああ、息子さんは土のエレメントの子だな」と思いました。土のエレメントの子は自分のペースがありますから、急な予定には対応できませんし、する気もありません。そのママには「次の時には、息子さんに数日前から、どこへ何時に、何しに行くかを伝えておいてね」と話をしました。要は土のエレメントの子の予定の中に、あらかじめしっかりと組み込んでおけばいいのです。

水のエレメントの親は目的意識が高く、先を見て行動します。しかし、土のエレメントの子にとって大切なのは「いつまでに、どこで」。現実的に足元をしっかり見つめているのが、土のエレメントの子です。ですから、土のエレメントの子に壮大なビジョンを語っても、あまり響きません。それよりもっと実務的な話（「いつ、どこで、何をするか」など）をするように心がけてください。

水のエレメントの親へのアドバイス

水のエレメントの親＞火のエレメントの子：先に与える情報はＷＨＯ「誰」。火のエレメントの子のやる気を消さない。多様性を認める。

水のエレメントの親＜土のエレメントの子：土のエレメントの子のルーティンを壊さない。予定がある時には、「いつ、どこで、何をするか」を前もって伝えておく。

6

周囲の人を見極める

家族にTalent Focus®を応用してみよう

自分とお子さんのエレメントがわかるようになると、相手との付き合い方がわかってきます。そして、それを夫や祖父母、先生、習い事の指導者など、自分やお子さんを取り巻く人々に拡大していくと、お子さんも、ご自身ももっと楽に関係を築くことができるようになります。

例えば、ママが土のエレメントで、お子さんが水のエレメントの場合。１４６ページで見てきたように、水のエレメントの子の好奇心をせき止めてしまうのが土のエレメントの親でした。この場合は、土のエレメントのママと水のエレメントの子の間に、金のエレメントの人が入ってくれれば、家族として順行の流れを保つことができます。もしパパが金のエレメントであれば理想です。土のエレメントのママは何か心配事や言いたいことがある場合は、水のエレメントの子に直接言うのではなく、まずはパパに相談します。そしてパパから、お子さんに話をしてもらうようにするのです。金のエレメントが配偶者や兄弟、祖父母にいない場合は、先生や習い事の指導者などに頼ることも考えられます。

水のエレメントのママが、進路のことで火の娘さんとぶつかっていました。そのご家庭は、パパが金のエレメントのため間に立つことができません。そこで頼ったのが担任の先生。先生は木のエレメントを持っていると判断し、間に入ってもらうことにしたのです。母親が進路に対してどのように考えているかを、先生の口から言ってもらったところ、「自分が言うよりも、ちゃんと話を聞いてくれた」と、水のエレメントのママは言っていました。

このように、自分とお子さんのエレメントがぶつかり合い、うまく回らない場合は、周囲に助けを求めることが現実的な解となります。周囲にいる人の中で、「この人は木のエレメントだ」とわかってくると、相談する先を見つけることができるようになります。注意する人やほめる人も、お子さんのエレメントの前にいる人（相生のサイクルにおける、ひとつ手前の位置のエレメント）がベストです。水のママが火のエレメントの子にいきなり怒ったりすると、火のエレメントの子のやる気を消してしまうことがあるので、一呼吸置いて、木のエレメントを持った人に頼む方がいいでしょう。

周囲の人の見立て方

では、周囲の人がどのエレメントになるのか、どのように見立てたらいいのでしょうか？　Talent Focus®オンラインテスト（８ページ参照）を受けてもらうわけにいかない人の場合は、言動や外見からおおよその判断をつける必要があります。

ここでは「持ち物」「声や表情」「口癖」「質問のくせ」に分けて、エレメントごとの特徴を示しています。「持ち物でわかるのですか？」と聞かれることがあるのですが、こだわりというのは、物にも表れてくるものです。言動すべてに滲みでてしまうものなのです。

●持ち物

いつも新しい鞄を持っていたり、新しい靴を履いているとしたら、「木」の可能性が強いです。私自身、木のエレメントですが、夫（金のエレメントです）に「むかで」と呼ばれるほど靴を持ち、限定品の鞄などはすぐに買ってしまいます。今も気に入った鞄を色違いでオーダー中（笑）。「同じものは要らないだろう！」と夫に言われたばかりです。新しもの好き、限定品好きは「木」の特徴です。

「火」のエレメントは物よりも人にこだわりがあるため、そんなにたくさんの物を所有しているということはありません。ただ、人に勧められて買ってしまう傾向があります。

いつも重たそうな鞄をもっているのは「土」のエレメント。人の役に立ちたい土の鞄の中には、絆創膏やソーイングセットなど、いざという時に備えたものが詰め込まれています。折り畳み傘も常に携帯しているため、何かと荷物が多くなってしまうのです。

いつも同じような鞄を持っているのは「金」のエレメントです。華美なものを嫌い、定番品を好みます。私の知り合いで「八代将軍、徳川吉宗」と呼ばれる鞄を持っている「金」のエレメントの人がいます。なぜなら、全く同じ鞄に買い換えて、現在八代目になっているからです。次もきっと同じものを買うでしょう。そうなると「九代目、徳川家重」ですね。

水のエレメントは独自のこだわりがあり、自己中心的なので、ＴＰＯとずれることもしばしば。機能的な物を好む傾向があります。例えば「肩が凝らないようにリュック」と決めれば、どこに行くにもリュックで通します。

●声や表情

声に特徴があるのは「木」のエレメントです。ビジョンを伝えるエレメントのためか、表情というより、声に特徴のある人が多い印象があります。

「火」のエレメントはすぐに表情に出ます。嘘がつけないタイプです（ついてもバレます）。体全体を使ったジェスチャーが多く、人目を引きます。

おとなしい印象のある「土」のエレメントの中には、相手と目を合わさない人もいます。大声を出したり、大笑いをしたりもしません。控えめにニコニコしているタイプです。

お世辞や社交辞令を言わないのが「金」。人に迎合することを嫌います。顔は笑っても、目が笑わないのが金の特徴です。

わかりにくいのが「水」のエレメントです。突然無表情になって、周囲を不安にさせるのですが、これは考え事をしている時の「水」のエレメントのくせです。突然自分の世界に入ってしまうことがあります。

●口癖

スピードが早い「木」のエレメントの口癖は「今」です。「今~にいます」「今から出ます」「今~しています」など。今をつないで生きているのが「木」だからです。

考えるより先に行動する「火」のエレメントの口癖は、「とりあえず」。「とりあえず連絡してみる」「とりあえずやっておくよ」。行動力のある「火」ならではの口癖です。

「わかりました」は、「土」のエレメントの口癖です。まずこのように言って受容します。しかし、この時点で本当にわかっているわけではないので、要注意。単なる返答としての「わかりました」でしかありません。

確実に仕事をこなす「金」のエレメントは、「念のため」「確認させてください」という言葉を多く発します。私のある「金」のエレメントの友人は、携帯で「ね」と入れると「念のため」、「か」と入れると「確認させてください」と出てきます。「水」のエレメントは目的主義なので、「なんで?」「そもそも」という、本質を問う言葉をよく使います。

●質問のくせ

何らかの盛大なパーティがあって、私があなたを誘ったとします。あなたがまず最初に聞きたいことはなんですか?　ちょっと考えてみてください。エレメントごとに聞きたいことは異なるため、相手の質問のくせからも相手のエレメントを予測することができます。

「木」のエレメントから出る質問は「何のパーティですか？」。WHATが気になる「木」のエレメントが最初に聞く質問です。

「火」のエレメントは「誰が参加しますか？」「誰が来るんですか？」と、人にまつわることを聞きます。WHOが気になるからです。

「土」のエレメントは「いつですか？」「場所はどこですか？」。自分の予定に書き込むために、WHEN、WHEREを確実に抑えます。

「金」のエレメントからは、なかなか面白い質問が出ることがあります。「立食ですか？」「飲み放題ですか？」など。段取りに関する質問をいろいろ聞かれることもあります。

「水」のエレメントは（言わないこともありますが）、「なんで私が誘われたのだろう」と考えています。

どんなプレゼントを喜ぶか、喜んでいるかでも、エレメントの予測をつけることができます。また、これを知っておくと、お子さんやパートナーへプレゼントを選ぶ際の参考にもなります。

●プレゼント

新しいものが好きな「木」のエレメントには、新商品を。限定品やシリアルナンバーが入っているものを好みます。要は人が持っていないものです。

「火」のエレメントは「誰かと一緒に使えるもの」。バーベキューセット、人気テーマパークのペア券、食事券などがいいでしょう。

「土」のエレメントは実務的なもの。文房具など実際に「使えるもの」に価値を感じます。置き物や飾り物は要りません。

「金」のエレメントは、ずばり「コスパ」です。本来買わなければならないものが無料で手にはいる、ということに価値を感じます。

「水」のエレメントは「本物感」があるもの。第一人者のセミナーとか、アリーナ券とかそういったものに心惹かれます。

昨年、知人がある会社のクリスマスパーティに出た時のことです。ビンゴ大会があり、協賛企業の製紙会社が、景品として「トイレットペーパー一年分」を用意してくれました。その景品に反応したのが、金のエレメントの友人です。「欲しい！だってぜったい買うものじゃない？　あったら助かる～」というわけです。買わなくてはいけないものが、ただで手にはいることに価値を感じる。「金」のエレメントならではです。

面倒なのが「水」のエレメントです。親しい「水」のエレメントの友人は、プレゼントを渡すと、「ありがとう。でもなんでこれなの？」と聞いてきます（笑）。なぜそれを選んだのか、説明を求められるのです。

	木	火	土	金	水
持ち物	華やか。持っている靴や鞄、アクセサリーの数は多い。新しいものや限定品が好き。	あまりこだわりはない。人に薦められて買うことも多い。	鞄にはいろいろなものが入っていて、重たい。どこに何が入るか定位置がある。	シンプル。華美を嫌う。定番モデルをリピートする。	独自のこだわりがある。自己中心的なところがあり、TPOと微妙なズレも。
声や表情	話し方や声に特徴を持つ人が多い。	感情が表情に出やすい。自分から話しかける。体全体を使ったジェスチャーが特徴的。	あまり正面から目を合わせない。控えめ。おとなしい。大声や大笑いなどはしない。	笑顔でも目が笑っていない。社交辞令やお世辞は言わない。	考えている時など、外部との関係を遮断するような無表情になる。
口癖	いま。 ひとまず。 すぐ。 なんか。	とりあえず。	わかりました。(内容をすべて理解しての発言ではなく、あくまでも返事として)	確認。 念のため。 許せない。	そもそも。 だとしたら。
質問のくせ	何の集まりか、何のテーマかが気になる。何を持っていくか、何を着ていくかなど、WHATが気になる。	誰が参加するのかなど、WHOが気になる。	いつ、どこで開催されるのかなど、WHENやWHEREが気になる。	お座敷か、飲み放題か、立食か、アラカルトかなど、HOWが気になる。	なぜ自分が誘われたのかなど、WHYが気になる。
喜ぶプレゼント	新しいもの、人が持っていないもの。限定品。シリアルナンバー入りの商品。	誰かと一緒に使えるもの。ペア券。食事券など。	実務的なもの。文房具のような実際に使えるもの。	コスパのよいもの。無料のもの。	本物を感じられるもの。第一人者のセミナーチケット、アリーナのチケット。

〈周囲の人のエレメントを見極めるための特徴〉

家庭でどのように活用するか

家族みんなのエレメントがわかったなら、ぜひ食卓の座る配置を変えてみてください。順行になるように席を変えると、会話もスムーズになりますし、「誰が誰にはたらきかけるのがいいのか」を常に意識することができます。

あるご家庭は、ママが「木」、パパが「金」、そして息子さんが「火」の組み合わせでした。ママは男の子の扱い方がわからなかったため、夫に頼んで息子に働きかけてもらうようにしていました。その結果、何が起こったか。「火」と「金」は相剋ですから、二人がぶつかり合ってしまったのです。金のパパが息子を殴る、ということもありました。その悪い関係を断ち切るために、息子さんへの働きかけは常に、「木」のママが担当することになりました。

息子さんは何かあればパパに報告してもらう。そしてその報告は、パパからママへ渡り、息子さんへ伝える役割は「木」のママの担当にしたのです。以来、父と子の衝突はなくなりました。

少子化で、一人っ子になると、成功して欲しいという長男、長女としての期待と、可愛くて仕方がないという末っ子としての扱いを、一身に受けることになります。他の兄弟に分散しない分、お金も時間も全て一人に注ぎ込まれることになります。両親も期待が高い分、働きかけが過剰になることもあるでしょう。それが、自分ができなかったことを「リベンジ」させたり、自分の人生をなぞらせるものであったりすると、お子さんにとっては大きな圧力になってしまいます。「自分はバレエを習わせてもらえなかったから、この子はバレリーナに」「自分は公務員だから、この子も将来は公務員に」。親御さんの中に、無意識にしろこのような意識があると、お子さんは自分の人生を生きることができなくなってしまうのです。

自分らしく生きられた人が、最後は笑って死ぬことができます。「○○ちゃんみたいに～ができるように」「どうしてお兄ちゃんはできるのにあなたはできないの？」。そんな風に育ててしまったら、その子の人生を生きることはできません。他人を真似て生きるのでは、「人生という舞台」で輝くことはできません。誰しも自分の人生の主役なのに、不本意な役を演じさせられて、大根役者扱いされるのは残念ですよね。

お子さんには、その子に合った役をのびのびとさせてあげましょう。そうすることで初めて、人生において「最優秀主演女優賞・男優賞」を取ることができるのです。

おわりに　あなたのお子さんの使命は何か

人はそれぞれ使命を持って生まれてきます。使命とは「命を使う」と書きますが、「命」というものを古典でひもとくと、それは「時間である」とされています。つまり、使命を果たすということは、「時間を使うこと」であり、自分の時間を才能のあることに使うということでもあるのです。

これまで見てきたように、人にはそれぞれのエレメントがあり、才能も違っています。世の中には、自分のエレメントに沿って、才能を開花させている人と、そうでない人がいます。成功するかどうかは、自分の才能に気がついて、使命を果たしているかどうかでもあると、私は考えています。

人材育成をする中で、人が人に与えられるものは五つあるということがわかってきました。一つ目は時間。二つ目はお金。三つ目はチャンス。四つ目は知識。そして最後の五つ目が気持ちです。一つ目から四つ目までは、誰にでも与えられるものではありません。時間やお金、知識にも限りがありますし、チャンスも簡単に用意できるものではありません。この中で唯一、誰でも際限なく与えることができるのが、五つ目の気持ちです。何もしてあげられることがない、と思っていても、気持ちだけは表すことができます。「あなたはあなたでいいんだよ」「応援しているよ」。そんな気持ちを受け取ることができれば、人は頑張れるものなのです。

気持ちというのは、誰でも与えることができるものですから、「与えようとする人としない人」の差が非常に激しいものです。お金や時間を与えても、自分の基準に当てはめてダメ出しばかりしていたら、お子さんの才能の芽は枯れてしまいます。与えられるものが他になくても、「あなたは大丈夫。応援しているからね」という気持ちをきちんと渡してあげれば、才能の芽はぐんぐんと成長していきます。

本書では、エレメントごとに、親が子どもに対してどのように気持ちを表していけば良いかを、細かくご説明してきました。お子さんのエレメントを知る前に、ご自身のエレメントを見つけていただいたのは、家庭も含め世の中というのは、バランスで成り立っているからです。この Talent Focus®で、自分をはじめ周囲の人々のエレメントを知ることで、お互いの強みを尊重しながら、バランスのとれたいい関係性を構築するためです。エレメントに沿った声かけをしていけば、相手が受け取りやすい形で気持ちを渡すことができます。そうすることで、お子さんの才能は、エレメントに関わらずすくすくと育っていくのです。

本書がそのためのお力になれば、幸いです。

星山裕子

▶ 講演会・ワークショップ実績

香港、深圳、ロンドン、北海道、新潟、長野、神奈川、東京、千葉、大阪、福岡、沖縄など。

▶ これまでの組織への導入実績

地方自治体、国立大学法人、私立学校法人、IT ハードウェア、ソフトウェア、コンサルティング、会計事務所、人材ビジネス、教育、医療機器、商社、コンテンツビジネス、保険、食品、飲料、ロジスティックス、アパレル、専門小売、住宅、不動産、製薬、精密機器メーカー、レストランチェーン、ゴルフ、医療機関、社会福祉法人、NPO 法人など。

国内の伝統老舗から新進ベンチャー、一部上場企業まで、さまざまなサイズ・局面にわたる組織を担当してまいりました。経営陣の特命による次世代幹部研修、管理職研修、チームビルディングワークショップ、リーダー研修の導入実績も多数ございます。

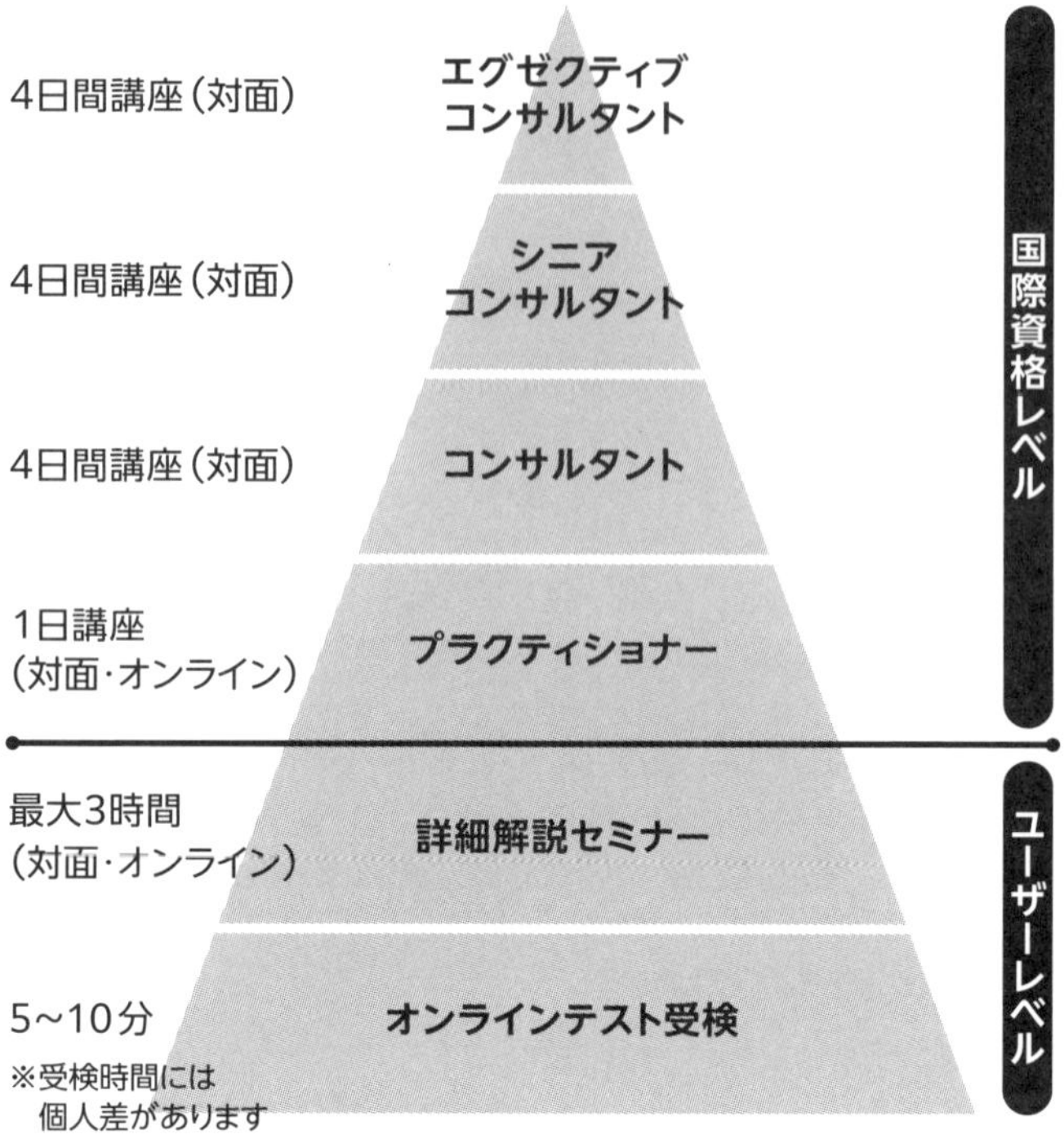

プラクティショナー資格取得者の傾向としては、民間企業管理職、自治体管理職、営業、企画、人事、採用教育などの職務領域の方をはじめ、子育て中の主婦の方、教員、コンサルタント、コーチ、カウンセラー、医療従事者、対人支援職の方が多い傾向にあります。

❸

▼ 読者限定特典のトークンのお申し込みはこちら

https://x.gd/dokusya

・受検料／読者特典専用のトークン申し込みページからお申し込みください。通常価格より割引で受検できます。

▼ 詳細解説セミナーのお申し込みはこちら

https://x.gd/seminars

・受検結果について個別に解説を受けることができる詳細解説セミナーも承っております（所要時間最大3時間／対面またはオンラインZoomによる実施）。

各種セミナー、資格取得講座の問い合わせ先

日本で開発された才能特定・才能育成システムであるTalent Focus® の考え方をより深く学ぶためのセミナー、資格講座も随時開催しております（講座により 1 日講座から 4 日間の講座まで各種ございます。Talent Focus® の資格講座は国際資格です）。

ご興味をお持ちになられましたら、お気軽に株式会社Kronika事務局までお問い合わせください。

E-mail : info@kronika.biz

〈読者特典●オンラインテスト受検のご案内〉

本書ご購入の読者特典として割引価格でのテスト受検が可能です。必ず、読者特典専用ページからお申し込みください。他の申し込み方法では割引が適用されません。

ご自身の才能の在りかを示すエレメントについて、オンラインテストで確認することができます。このテストでは生まれ持った才能を、5つのエレメントとそれらを細分化した10種類のプロファイルで、明確に示します。生まれ持った才能は、再受検したとしても結果はほとんど変動しません。占いではありませんので、受検にあたって姓名画数や生年月日などの個人情報を必要としません。すでに多くの民間企業、学校、自治体などで導入されています。

なるべく「素の状態」での受検をおすすめします。「母親(父親)だから」といった役割意識をいったん横におくと、正確な結果が得やすくなります。

本書をお読みになったあとで、オンラインテストを受検して Talent Focus® への理解を深めていただければ幸いです。

・受検時間は個人によって異なりますが、おおよそ5分から10分前後です。
・受検推奨年齢は、中学1年生以上。
・受検対応言語　日本語、英語、中国語(繁体字)。

▼ オンラインテスト受検サイトはこちら

https://talentfocus.world/index.html

テスト受検

・オンラインテスト受検にあたってはトークンが必要です。
・インターネット接続環境下においてPCによる受検を推奨 。
・日本語版、英語版、中国語版(繁体字)の3言語に対応しています。

❶

星山 裕子（ほしやま ゆうこ）

一般社団法人才能開発支援機構代表理事、株式会社 Kronika 代表取締役。大学卒業後、リクルート人材センターに入社。転職・結婚・出産を経て、家族の海外赴任に帯同して渡米。帰国後は人材派遣会社で派遣社員の身分のままで新規事業を起案、キャリアビルディング事業部長に就任。独立後、エグゼクティブ・コーチ、ヘッドハンティング、事業開発、経営コンサル、幹部育成などの側面から数多くのベンチャー・上場企業の成長を牽引。面談数 6 万 5000 人超、取引社数は 850 を超える。Talent Focus® を開発し、人それぞれの持つ才能の開花を支援している。

■連絡先
株式会社 Kronika
https://www.kronika.biz
info@kronika.biz

装幀・本文デザイン：大関直美
編集協力：黒坂真由子

5つのエレメントでぐんぐん伸びる
子どもの才能の見つけ方・育て方

2018年3月2日　初版第1刷発行
2025年2月2日　2版第1刷発行

著　者：星山裕子
発行者：藤本敏雄
発行所：有限会社万来舎
〒102-0072　東京都千代田区飯田橋 2-1-4
九段セントラルビル 803
電話　03 (5212) 4455
Email　letters@banraisha.co.jp

印刷所：株式会社エーヴィスシステムズ

ISBN978-4-908493-24-9